DIOS **ESTÁ** A NUESTRO **FAVOR**

C. Baxter Kruger, Ph. D.,

Publicado por Editorial Perichoresis
| Apartado postal 98157 |
Jackson, MS 39298

Dios es Para Nosotros
ISBN: 978-1-960761-68-2

Editorial Perichoresis es un ministerio de Perichoresis, Inc.,
un ministerio cristiano sin fines de lucro
que promueve el redescubrimiento de Jesucristo.

Una nota sobre la palabra *Pericoresis*

La aceptación genuina elimina el miedo y el escondite, y crea libertad para conocer y ser conocido. En esta libertad surge un compañerismo y un compartir tan honesto, abierto y real que las personas involucradas habitan unas en otras. Hay unión sin pérdida de identidad individual. Cuando uno llora, el otro siente el sabor a sal. Es solo en la relación Trina de Padre, Hijo y Espíritu que existe una relación personal de este orden, y la Iglesia primitiva usó la palabra "pericoresis" para describirla. La buena noticia es que Jesucristo nos ha atraído dentro de esta relación, y su plenitud y vida deben desarrollarse en cada uno de nosotros y en toda la creación.

Acerca del autor

Baxter ha estado casado con Beth durante 42 años. Tienen cuatro hijos y seis nietos y viven en Brandon, Mississippi. Recibió su doctorado en Kings College, Universidad de Aberdeen en Escocia con el profesor James. B. Torrance. El Dr. Kruger es autor de 10 libros, incluidos los bestsellers internacionales, El Regreso a La Cabaña, Conversaciones con San Juan y su primer libro pequeño, La Parábola del Dios danzante, numerosos ensayos y cientos de horas de enseñanza, y una variedad de estudios en línea, todos disponibles en perichoresis.org. El Dr. Kruger ha viajado por el mundo durante 30 años proclamando la buena nueva de nuestra inclusión en Jesús y su relación con su Padre en el Espíritu. Le gusta cocinar cangrejos de río, tallar a mano señuelos de pesca, jugar al golf y le encanta pasar tiempo con sus nietos.

Diseño de portada:
Design: Karen Thompson, Western Australia
Cover design: Grace Golf, Bristol, United Kingdom
https://championsofhope.co.uk/

Para
David Upshaw, Clayton James y Steve Horn,
con la esperanza de 2 Corintios 5:19

Elogios para Dios Está A Nuestro Favor

Dios está a nuestro favor re-formó mi comprensión de Dios en mis primeros años, al enseñarme cuán bueno es Él en realidad y cuán plenamente estamos incluidos en la vida del Dios Trino. Lo que más me impactó fue la forma en que Baxter articuló la pasión de Pablo por la obra consumada de Cristo. Durante años, leí a Pablo desde una perspectiva de obligación y control del pecado, perdiéndome su pasión desbordante, su asombro y su convicción inquebrantable; este libro me ayudó a escucharlo de otra manera.

-Robin Smit - Autora

Dios está a nuestro favor cambió la perspectiva de mi mente, mi corazón y mi espíritu. Entré en un espacio ilimitado de comprensión de la generosidad, la ternura y la gloria de la relación pericorética del Padre, el Hijo y el Espíritu Santo, ¡y de que yo estaba incluida intencionalmente! Esto abrió el umbral que ha guiado mi vida, mi aprendizaje y mi crecimiento hacia la verdad de mi ser, cada vez más alineada con mi esencia. No hay vuelta atrás. Estoy eternamente agradecida. ¡Gracias, Baxter!

—Lise Struthers

Dios está a nuestro favor, de C. Baxter Kruger, transformó por completo mi teología sobre la revelación del amor del Padre manifestado en Jesús. Un libro fenomenal y cautivador, Dios está con nosotros nos invita a una comunión compartida, inmersos en la vida de Cristo. La verdad que encierra es vital, atemporal y siempre vigente. Siempre estaré agradecida de haber llegado a este libro».

—Felicia Murrell, autora de
Y: El poder restaurador del amor en un mundo de extremos (Whitaker House)

Dios está a nuestro favor es una lectura imprescindible para quienes trabajan con personas que sufren. Así como las flores se abren al sol, las almas heridas se abren a la luz de la bondad de Dios. Muchos pacientes con enfermedades mentales han sido transformados por la realidad de la bondad de Dios hacia nosotros en Jesucristo, tal como se expone en este pequeño libro».

Dr. Bruce Wauchope
Médico, Clínica Bedford: Adelaida, Australia

CONTENIDO

Prefacio

Este libro, bellamente escrito, se lee como un himno de alabanza al Dios Trino de gracia, quien creó y redimió este mundo para cumplir sus propósitos de gloria. Está escrito con un deseo apasionado de comunicar una profunda teología bíblica en un lenguaje sencillo y contemporáneo, para que la Iglesia sea siempre fiel a su verdadero centro en Jesucristo.

Dios es amor, y el amor siempre implica comunión entre personas, y eso es lo que vemos en Dios mismo y en sus propósitos para este mundo. El Padre ama al Hijo en la comunión del Espíritu, y el Hijo ama al Padre en la comunión del Espíritu, en su mutua 'morada', la *pericoresis*.

Es este Dios Trino de gracia quien creó este mundo para ser 'el teatro de su gloria', y a nosotros, como hombres y mujeres, para participar en la vida misma de Dios, para que también podamos encontrar nuestro verdadero ser en íntima comunión amorosa con Él y unos con otros. Estos gloriosos propósitos se cumplen para nosotros y en nosotros por Jesucristo, quien nos atrae por el Espíritu a la vida misma de Dios. Es en estos términos que el Dr. Kruger expone las doctrinas centrales de la fe con tanta lucidez: la encarnación, la humanidad vicaria, la expiación sustitutiva y el sacerdocio continuo de nuestro Señor.

James B. Torrance, Profesor Emérito
del Kings College, Universidad de Aberdeen

Capítulo 1 - El Evangelio Eterno del Padre

Efesios 1:3-6

El apóstol Pablo comienza su gran carta a los Efesios con un estallido de alabanza: "*Bendito* sea el Dios y Padre de nuestro Señor Jesucristo, que nos ha bendecido con toda bendición espiritual en los lugares celestiales en Cristo Jesús". No se trata de un anciano aburrido intentando repasar un poco de liturgia religiosa. Es un *estallido* de alabanza genuina que nace de la emoción de vislumbrar lo que Dios ha hecho con nosotros en Cristo.

Este hombre ha visto que algo verdaderamente impresionante y glorioso ha sucedido en Jesucristo y que nos involucra a nosotros: a usted, a mí y al mundo.

Ha visto la gracia soberana del Padre desbordarse y prodigarnos un don celestial casi indescriptible en Cristo. Y, al seguir leyendo, no podemos evitar sentir que el apóstol explotará si no lo expresa. Habla sin parar durante unos diez versículos.

¿Pueden sentir el corazón del apóstol aquí? Han sucedido cosas maravillosas en Cristo. Estamos incluidos. Ellos son para nosotros y nos involucran. Y el apóstol se desvive por ayudarnos a verlo todo con él. Fuerza palabra tras palabra y extiende frase tras frase, casi hasta el límite, como si lo que ve fuera indescriptible.

Pero debe expresarlo. Se siente impulsado a presentárnoslo. Es un hombre profundamente inspirado. Siente que si logra comunicarse aquí, la historia cambiará por completo.

La pregunta es: ¿Qué es lo que impulsa al apóstol a comunicar con tanta energía? ¿Qué ve y siente? ¿Qué es lo que ha cautivado tanto a este hombre? Haríamos bien en centrar toda nuestra atención en estas preguntas.

Hay tres puntos clave. Pero antes de analizarlos, debemos entender que Pablo da por sentado que todos sabemos que este es el mundo de Dios. Hay un Dios. Y este Dios creó todo en los cielos y en la tierra. Lo que el apóstol está diciendo aquí es por qué Dios creó el mundo y a la humanidad. Se interesa por explicar el sentido y la razón de la actividad creadora de Dios y, por tanto, de nuestra propia existencia.

El primer punto que Pablo plantea es que Dios Padre tiene un plan, un plan eterno, formulado, por así decirlo, antes de la creación, y que permanece como el secreto tras todas las cosas. En segundo lugar, el Padre no ha dejado la ejecución de su plan al azar, ni a reyes y gobiernos, ni a la iglesia y la política, ni a ti ni a mí. Él ha designado a un ejecutor de su voluntad. Ha designado a alguien para cumplir su propósito. Ha puesto a alguien a cargo de llevar a cabo su plan al máximo. En tercer lugar, este plan ya se ha cumplido.

Pablo no se está desviando de la teoría. No habla de lo que podría suceder más adelante, cuando finalmente aclaremos las cosas. ¡Dios no lo quiera! El apóstol ve que el plan de Dios encierra una asombrosa sorpresa. El Padre ha designado a su Hijo para que dé un paso al frente y lleve a cabo su propósito eterno. Y Pablo está asombrado porque esto es lo que ha sucedido. Jesús ha venido. La obra ha terminado. Lo que el Padre planeó para nosotros antes de la creación se ha cumplido decisivamente en Jesucristo.

Este primer capítulo de Efesios es el intento verbal de los apóstoles de atraparnos, sacudirnos y despertarnos para que veamos la gloria.

El Propósito Eterno del Padre

En los versículos 3-5, encontramos lo que se denomina la doctrina de la elección. A muchas personas no les agrada en absoluto esta idea de la elección divina. Y su desagrado no carece de justificación, pues ha habido serios problemas con la forma en que esta doctrina se ha expuesto en el pasado. Ha sido demasiado excluyente. Se ha interpretado como la selección de algunos y el rechazo de otros. Pero aquí, en Efesios, la elección es la declaración de que estamos en el mundo de Dios. Es la proclamación de que nuestro mundo no es un accidente, sino un propósito decidido.

La gran fortaleza de la doctrina de la elección reside en

que confiere a la obra de Dios en la creación un propósito muy definido. La elección, en su sentido más profundo, significa que Dios crea por una razón. Dios no crea para luego decirse a sí mismo: 'Bueno, ahora tenemos esta creación, este universo, ante nosotros, tenemos al hombre, ¿qué vamos a hacer con todo esto?'

No, es todo lo contrario. Dios Padre tiene primero un propósito, un propósito claro y definido. Y es para que este propósito se haga realidad que crea y convoca el universo y la humanidad de la nada.

A nivel personal, esto significa que tú y yo estamos aquí no por casualidad, sino por diseño. No somos accidentes. Somos criaturas creadas por Dios porque Él tiene un plan que nos incluye.

En un nivel más amplio, esto significa que tanto el universo, en su asombrosa inmensidad y diversidad, como la historia humana, en su esplendor y complejidad, están absorbidos por el plan en desarrollo de Dios.

Detrás de todo en la creación y la historia yace el propósito eterno del Padre. Ese es el secreto. Y este propósito ya no se le oculta a nadie. La razón de todas las cosas, incluida nuestra existencia, ya no es un enigma reservado para los super espirituales o la élite religiosa. Ha sido revelada en Cristo, la luz del mundo. La luz de la existencia humana, la luz de tu existencia, ha sido dada en Jesucristo para que todos la vean.

El apóstol lo ha visto. Y le es imposible callar. Está tan emocionado que ansía compartirlo con todos. De hecho, nos proclama este propósito secreto tres veces en los versículos 3-5, y desde tres perspectivas diferentes para que no pasemos por alto el mensaje.

En el versículo 3, Pablo se refiere a este propósito en términos de que el Padre nos bendice con todos los tesoros del Cielo. Esta es una traducción más concreta de la frase "toda bendición espiritual en los lugares celestiales". Aquí, Pablo dice que el plan del Padre es darnos todos los tesoros del cielo. De eso se trata esta creación.

Desde el primer instante del tiempo y el espacio, toda la historia se orienta hacia este fin. Dios es bueno. Su plan para nosotros es bueno, glorioso: todos los tesoros del cielo. Y observen que no son los tesoros de la tierra los que Dios Padre planea prodigarnos. Son los tesoros del cielo, y todos ellos.

No solo vivimos en un mundo divino que, lo veamos o no, marcha al ritmo divino. Vivimos en un mundo divinamente ordenado que avanza hacia un fin absolutamente magnífico. De eso se trata Dios. En la eternidad, decidió colmarnos de todos los tesoros celestiales.

En el versículo 4, el apóstol se refiere a este propósito secreto: ser hechos "santos e irreprensibles ante él". En el versículo 5, lo llama "adopción". Pablo nos dice que estamos aquí porque Dios tiene un propósito eterno para nosotros. Y nos declara que Dios nos creó para ser adoptados en su familia, incluidos en el círculo de su propia comunión y llevados a una vida de comunión.

¡Adopción! ¡Adopción! ¡Adopción! Este es el primer pensamiento, el misterio, el secreto de todo el universo. Por eso existe este mundo, *por eso* existe el hombre, la humanidad, el universo, la historia. Si se elimina este propósito, simplemente no hay creación, pues no hay razón para evocarla ni para sostenerla.

Cuando nos detenemos a reflexionar, nuestra propia existencia es un regalo extraordinario. No *existíamos*. No estábamos aquí en absoluto. No teníamos mente, ni corazón, ni ojos para ver, ni papilas gustativas, ni manos que estrechar, ni amistades, ni amor. Simplemente no éramos nada. Y no teníamos poder para ser.

Pero Dios nos llamó de la nada y del no ser y nos dio existencia. Nos formó y nos trajo aquí. ¿Quién no se maravilla de esto? *¡Somos! ¡Somos!*

Pero por maravilloso que sea *estar* y estar *aquí*, el apóstol nos declara que el Padre nunca ha tenido interés en nuestra mera existencia. Nos dice que antes de crearnos, Dios determinó que fuéramos llenos y rebosantes de su vida, hechos partícipes de su vida y gloria.

Vean lo que está sucediendo aquí. La mente de Pablo se remonta al pasado, a la larga historia de Israel, al Jardín del Edén, a la creación y a la eternidad. Y allí, en la eternidad, antes de que existiera nada, antes de la creación, Pablo ve a Dios Padre. Y se le permite asomarse al corazón del Padre. Y allí ve *este* gran y glorioso propósito para nosotros.

Antes de que existiera nada, el Padre trazó este plan y tomó esta decisión por *nosotros.*

Y la cruz de Cristo, el Hijo eterno y amado del Padre, revela que esta decisión no es una idea vaga ni una cláusula condicional. Tampoco es mera retórica política. Es una decisión respaldada por la determinación divina. El Padre está entusiasmado con sus buenos y gloriosos planes para nosotros. No es un Dios que espera a ver qué pasa. No hay cláusulas condicionales en su corazón. Él es celoso. Está lleno de una seriedad inquebrantable y una determinación inquebrantable para llevar su buen plan hasta el final, cueste lo que cueste.

Delante de Él

Centrémonos por un momento en este propósito del Padre. Podemos hacerlo reflexionando sobre la frase "santos e irreprensibles delante de Él" y, en particular, sobre las palabras "delante de Él".

Tenemos varias opciones. Podríamos interpretar la expresión "delante de Él" como que el propósito del Padre para nosotros es existir, ser creados, aparecer en su creación y en el escenario de Su historia. Si bien lo que Pablo nos dice ciertamente incluye nuestra existencia y aparición en la creación de Dios, aquí se refiere a mucho más que eso.

El apóstol ve un propósito mucho más valioso en el corazón del Padre que simplemente concedernos la existencia, por fantástico que parezca al considerar la alternativa. Pablo ve algo mucho más personal. El Padre busca una cierta *calidad* de existencia, una cierta *forma* de ser humano y de vida para ti y para mí. Es que no solo existamos, sino que estemos en *Su presencia,* "delante de Él".

La NVI traduce "delante de Él" como "a su vista". Esto nos deja con la imagen de ser un *objeto* a los ojos de Dios. Como una silla, un escritorio o una computadora son objetos a mi vista. Pero esto es demasiado impersonal, demasiado pálido, débil y muerto para lo que el apóstol tiene en mente. Lo que él ve es que el propósito eterno del Padre para nosotros no es que simplemente *seamos*, o simplemente existamos, o simplemente aparezcamos ante Él como *objetos* a su vista, sino que fuéramos hechos *partícipes* de su existencia, bautizados en Su gloria, absolutamente inmersos en su vida.

Lea atentamente esta rica declaración de un comentarista:

> 'DELANTE DE ÉL' denota la presencia inmediata de Dios para el hombre y la máxima proximidad del hombre hacia Dios. La imagen sugiere la posición y la relación que disfrutaban la flor y nata de la sociedad en la corte real, los hijos con su padre, la novia con su novio... (Markus Barth, *Efesios, La Biblia El Ancla* [Nueva York: Doubleday & Co. Inc., 1974], pág. 80).

¿Ven esto? Es asombroso. Barth habla de la "*presencia inmediata* de Dios para el hombre", "la *proximidad más cercana* del hombre a Dios". El punto aquí no es la mera existencia, sino una relación profundamente personal, intimidad, comunión con *Dios*.

El propósito eterno del Padre es traernos a la existencia, y no solo a la existencia, sino a su casa. Y no solo a su casa, sino a su mesa, y no solo a su mesa, sino a su diestra. Y no solo a su diestra, sino a una conversación con Él, y no solo a una conversación con Él, sino a una comunión *cara a cara* con Dios Padre mismo.

Pero incluso aquí no hemos llegado a la gloria de ello. Porque esta comunión no se trata simplemente de una conversación cara a cara o una relación lado a lado; se trata del encuentro y el compartir de las almas. Se trata de un compartir de vida tan profundamente personal, una exposición tan completa del ser, que comenzamos a estar en Dios y Dios comienza a estar *en* nosotros: morada mutua, *pericoresis*.

Pablo habla de ser introducidos a una comunión con Dios tan cercana, tan íntima, tan profunda, tan real, tan viva, que todo lo que Dios Padre es, todo lo que tiene, todos sus tesoros y gloria, se comparte con nosotros personalmente.

Por asombroso que parezca, por inconcebible que nos parezca, esto es lo que Pablo dice. El Padre nos destinó nada menos que a *Sí mismo* como herencia.

No le interesa nuestra mera existencia. Nos da la existencia con el único propósito de llevarnos a una profunda intimidad con Él, una intimidad en la que el ser mismo de Dios, su vida y su alegría pasan a nosotros y se hacen nuestros.

En su libro *El Peso de la Gloria*, C. S. Lewis habla de esos momentos de nuestra vida en los que, de repente, reconocemos la belleza. De repente, contemplamos, nos volvemos plenamente conscientes de la belleza de algo: una puesta de sol, una persona, una imagen, una palabra, una caricia. Nos vemos atrapados, por un instante, en el placer de lo que los filósofos y artistas de todos los tiempos llaman "belleza".

Pero Lewis continúa diciendo que, por maravillosos que sean estos momentos, por inspiradores y placenteros que puedan ser, nunca nos satisfacen realmente. No basta con contemplar la belleza. El anhelo secreto de nuestros corazones es ir más allá de vislumbrarla.

> Deseamos algo más que difícilmente se puede expresar con palabras: unirnos a la belleza que vemos, penetrar en ella, recibirla en nosotros, sumergirnos en ella, formar parte de ella. *(El Peso de la Gloria y Otros Discursos* [Grand Rapids: William B. Eerdmans Pub. Co., reimpreso en 1975], pág. 13).

Esta es una gran analogía de lo que Pablo nos dice sobre Dios Padre y su propósito eterno para nosotros. Al Padre nunca se le pasó por la mente darnos meros destellos de su gloria. El plan desde la eternidad es que seamos incluidos, unidos con Él y bautizados en Su gloria y vida.

Su propósito eterno para nosotros es nada menos que el don de entrar, recibirnos, sumergirnos y formar parte de la vida misma del Padre, su seguridad, paz, dignidad, gozo, pureza, libertad y amor. ¿Es de extrañar que el apóstol esté tan inspirado?

¿Puedes creerlo? ¿Puedes creer que así es Dios, que *esta* es la voluntad, el plan y el propósito de Dios para *ti* desde la eternidad? ¿Puedes creer que por eso te creó de la nada? ¿Puedes creer que por eso te da la vida ahora, que de esto se trata tu existencia, tu tiempo ahora?

El apóstol está rebosante de alegría porque lo ha visto y sabe que es así. Él escuchó la conversación entre el Padre y el Hijo en el Espíritu antes de la creación. Vio el corazón mismo del Padre. Y nos declara que *esta* buena noticia, *esta* decisión, *este* propósito para nosotros, ya estaba en el corazón del Padre antes de la fundación del mundo. Este es el evangelio, el evangelio eterno.

Antes incluso de que fueras formado en el vientre de tu madre, estas cartas, por así decirlo, ya estaban sobre la mesa para ti. Nunca ha habido otra razón para tu existencia. Dios es bueno. Sus planes para nosotros son asombrosos y gloriosos.

Hecho a medida

Ahora centrémonos en la frase "santo e irreprensible". Esta frase podría entenderse legalmente como "inocente, absuelto ante el Juez". Ciertamente, la idea de ser perdonado, sin culpa, sin *reproche*, está presente en esta frase. El Padre quiere que seamos limpios, sin mancha ni arruga. Pero hay más.

Lo que Pablo nos dice aquí se entiende mejor con conceptos como "aptos", "correctos" y "apropiados". El Padre no nos quiere simplemente limpios legalmente. Nos quiere correctos y listos para Él, formados como vasos aptos para su vida, hechos a medida para su presencia y comunión.

Una de nuestras primeras experiencias al intentar establecernos en Escocia fue darnos cuenta de que nuestros enchufes estadounidenses no encajaban en los enchufes escoceses. Para empezar, el diseño del enchufe era completamente diferente. Pero ese no era el único problema. Nuestros electrodomésticos estaban configurados para un voltaje diferente. No estaban preparados para el sistema escocés. Descubrimos que nuestras cosas eran ajenas, incorrectas, inadecuadas, impropias, inapropiadas para la configuración escocesa.

Pablo nos dice que el Padre planeó desde el principio que fuéramos hechos a *Su* medida. Planeó que no solo llegáramos a existir, sino que también fuéramos hechos aptos y justos para *Él*.

El plan incluye el rechazo y la superación de nuestra maldad, nuestra extrañeza, nuestra alienación. E incluye nuestra transformación en justos para Él. Él no solo se propuso que viviéramos, sino que estuviéramos delante de Él, en su presencia. Y no solo que estuviéramos delante de Él, sino que fuéramos justos y aptos para Él, hechos a su medida para tener comunión con Él y compartir su gloria y vida.

Adopción

El mismo punto se plantea con un énfasis ligeramente diferente en el versículo 5, en la palabra "adopción". En su nivel más básico, la adopción es un concepto legal. Significa que a quien no es hijo por naturaleza se le otorga el lugar de heredero natural, el título legal, los derechos y los privilegios de la familia. Incluso en este nivel, el propósito de Dios para la adopción es asombroso. La sola idea de recibir el título legal, los derechos y los privilegios de la familia de Dios es ciertamente asombrosa para simples criaturas.

Sin embargo, un acuerdo legal es solo marginal en el pensamiento del apóstol. El significado de la adopción rompe los odres de los meros derechos y privilegios legales. Es mucho más personal. Adopción en este contexto significa ser aceptado e incluido en el círculo de la comunión del Padre. Significa ser incluido en el círculo en el que lo que se comparte no son solo derechos y privilegios, sino la *vida.*

El plan eterno es que el Padre se derrame sobre nosotros, que se entregue a *Sí mismo* y todo lo que Él es y tiene, que comparta con nosotros su vida y gozo inefables, llenos de gloria. La adopción significa ser incluido en la vida misma de Dios, hecho partícipe de su plenitud, lleno de Dios.

Además, este propósito de inclusión en la vida de Dios Padre conlleva el plan de hacernos a medida para participar en su vida. El propósito de acogernos e incluirnos en su vida y plenitud incorpora un plan de equiparnos, forjarnos, adaptarnos y hacernos justos y estar listos para Él. Porque el objetivo no es simplemente darnos derechos y privilegios, sino llevarnos a participar de Su vida.

¿De qué sirve que el Padre se derrame sobre nosotros si somos ajenos a Él y no podemos conocerlo? La adopción incluye el plan de que seamos justos para Dios, de que seamos transformados en expiación y unión con Él, de que seamos hechos a medida para el Padre y su comunión.

Estamos aquí al borde de una visión liberadora y vivificante de Jesucristo. Pero antes de continuar con esta línea de pensamiento, necesitamos detenernos un momento y reflexionar sobre este punto asombroso una vez más.

Antes de que naciéramos, antes de que naciera la creación, antes de que hiciéramos algo bueno o malo, Dios Padre determinó que fuéramos unidos a Él y participáramos plenamente de Su vida y gloria. Este es el plan asombroso en el corazón del Padre desde la eternidad. Del vientre de este glorioso propósito nació la creación y se nos dio la existencia. Para este fin somos sustentados.

El Director Ejecutivo

Ahora bien, por grandioso y glorioso que sea todo esto —casi increíble—, es solo el comienzo del evangelio. De hecho, aún no hemos llegado al evangelio. Porque el apóstol no solo escudriñó el corazón del Padre y contempló este apasionado propósito para nosotros. Escuchó al Padre declarar a su Hijo: '¡Tú eres el Único!', '¡Tú eres el elegido!', '¡Tú eres el Hombre designado para ir y cumplir Mi pasión por ellos!'.

Verán, estas breves frases, "en Él" (v. 4) y "por medio de Jesús" (v. 5), están repletas de significado. Pablo nos dice que esta gran decisión del Padre no se tomó en abstracto. Se tomó *en Jesús*. Fuimos elegidos *en* Cristo, predestinados a la adopción *por medio de Jesús*.

Llegamos ahora al corazón de todo lo cristiano y, sin duda, a la fuente de la inspiración del apóstol. El secreto mismo de la verdadera vida cristiana reside aquí.

Pero ¿qué significan estas pequeñas preposiciones "en" y "*a través*"? Debemos pensarlo detenidamente, pues es demasiado bueno como para perdérselo. Elegidos en Cristo, predestinados *por medio de* Jesús, significa que el Padre no solo planeó que no le fuéramos ajenos, sino que fuésemos justos y preparados para Él; también planeó la manera en que lo haría realidad. Y esa manera es Jesucristo, su Hijo eterno encarnado. El Padre determinó *este destino* para nosotros —abrazados, incluidos en el círculo de su presencia inmediata, hechos a medida para participar en su vida— y determinó a *Aquel* que lo cumpliría: Jesucristo.

Este es el mensaje central del evangelio. Porque significa que la venida de Jesús no es una ocurrencia tardía. Él estaba destinado a venir antes de la fundación del mundo.

Jesucristo no es el Plan B puesto en marcha rápidamente tras el fracaso del Plan A en Adán. ¡No! ¡No! ¡No! Jesucristo es el Plan A.

Él es el único plan. Él es la Palabra eterna (Juan 1:1-13, 14). Todo fue planeado en Él (Efesios 1:9). Siempre estuvo destinado a ser aquel en quien todas las cosas se resumirían (v. 10).

Desde el principio, el Padre planeó que su propio Hijo viniera y cumpliera su propósito eterno para nosotros. Jesús es el eterno Director Ejecutivo del Padre. Se le encargó la responsabilidad de hacernos santos e irreprensibles y de llevarnos ante su Padre, antes de que la primera partícula de la creación fuera llamada a la existencia.

Elegidos en Él, predestinados por medio de Jesucristo, esta es la imagen completa del evangelio.

Adán nunca fue el elegido. Abraham, Moisés ni David nunca fueron los elegidos. Tú nunca fuiste el elegido. Desde toda la eternidad, *Jesucristo* es el elegido. Fue elegido para ser quien vendría y cumpliría los planes del Padre para nosotros.

Nosotros nunca fuimos designados para hacernos justos ante el Padre. Desde la eternidad, esa responsabilidad nos ha sido soberanamente arrebatada a ti y a mí y puesta en manos de Jesucristo.

Nunca se le ha pasado por la mente al Padre que alguien más que Jesús fuera el mediador, el sumo sacerdote, el salvador, el ejecutor de su voluntad.

Nunca se le ha pasado por la mente que tú seas responsable de hacerte justo ante Él. Tú no eres tan importante en el panorama general. Y no eres capaz de asumir esa clase de responsabilidad. Pero Jesucristo sí lo es.

Lo que Pablo nos dice es que el Padre tenía la mirada puesta en su Hijo encarnado, Jesucristo, cuando llamó a la creación de la nada. El Padre nombró a su propio Hijo antes de la creación y dijo: '¡Tú eres el mediador!', '¡Tú eres el ejecutor!', '¡Tú eres el Hombre vicario!'.

Antes del principio, el Padre dijo: 'Tú, Mi Hijo amado, entrarás en la creación'. 'Tú, Mi Hijo amado, en quien Mi alma se deleita, te convertirás en un ser humano, en un hombre de verdad'. 'Te sumergirás en medio de la fragilidad humana, la erradicarás y forjarás la verdadera existencia humana conmigo para ellos'.

'Tú invadirás y atacarás toda alienación y destierro, y los reemplazarás con nuestra vida y plenitud'. 'Penetrarás cada fibra de maldad humana y la desharás, la circuncidarás y la crucificarás'.

'Serás su santidad e inocencia'. 'Serás su unidad, exaltación y adopción'.

'Cruzarás el abismo, todos los abismos, entre nosotros y los traerás a Mí, hechos a mi medida, perfectos y listos para Mí y para la vida en Mi casa'.

Desde toda la eternidad, el Padre eligió a su propio Hijo para ser el ejecutor de sus planes para nosotros. Aquí hay una gracia asombrosa y, de hecho, humilde. Desde el principio, el Padre colocó al hombre en su lugar y eligió gloriosamente a Jesús como el Hombre vicario. Planeó que fuéramos parte integral de la existencia de *Jesús*.

Desde el principio, el Padre decidió que Jesús sería nuestra cabeza, representante y sustituto, tanto que lo que sería de Él sería de nosotros. Planeó que Jesús sería *aquel* en quien *seríamos* purificados radical y decisivamente y justificados ante Él. Planeó que Jesús sería *aquel* en quien se desharían *nuestras* maldades. Planeó que Jesús sería aquel en quien nosotros seríamos abatidos y elevados, vaciados y llenos de todos los tesoros del cielo, crucificados y exaltados al círculo de la comunión del Padre.

Desde toda la eternidad, el Padre planeó que en Jesucristo

nosotros fuéramos crucificados, muertos y sepultados, y resucitados en unidad con el Padre.

Elegidos en Él, predestinados *por medio de* Jesucristo, esta es la noticia más emocionante del universo. Esto es lo que ha encendido las llamas del apóstol Pablo. Él ha visto a Jesús a la diestra del Padre desde la eternidad y lo ve allí ahora como hombre, como *el* Hombre, como nuestra cabeza, sustituto, representante, mediador y sumo sacerdote.

El enigma de la creación se ha desvelado ante el apóstol. Ha escudriñado la eternidad y ha visto el gran y glorioso propósito del Padre para nosotros. Eso, en sí mismo, lo ha sobrecogido. Pero también ha escuchado al Padre encargar a su Hijo la responsabilidad de la ejecución. 'Tú eres de Saúl, de Israel, el Señor y Salvador del mundo'. Y eso lo ha emocionado enormemente.

Ha sucedido

Aquí hay noticias verdaderamente emocionantes. Pero aún no hemos llegado a la gloria plena del evangelio. Porque no es la eternidad, sino la *historia,* lo que ha encendido al apóstol. La Palabra que Pablo escuchó no fue simplemente la Palabra del Padre hablada en la eternidad, sino la Palabra eterna de Dios, hablada en acción histórica. Se encontró con el Hijo de Dios encarnado y resucitado. Vio al Hijo del Padre salir de la eternidad y entrar en la historia en el poder del Espíritu. Y lo vio llevar a cabo y completar los planes del Padre para nosotros. Esta visión invadió su ser y lo llenó de esperanza y alegría, lo inspiró con vida y lo impulsó a hablar.

Una cosa es llegar a comprender que hay un Dios, que este es un mundo divino creado con un propósito divino. Otra es ver que este Dios es paternal, y que detrás de todo está el único propósito divino de la adopción. Otra es ver que este Padre le ha encomendado a Jesucristo, no a nosotros, la obra de cumplir su propósito. Pero cuando la visión se vuelve sobrecogedora es cuando vemos que Jesucristo *ha venido.*

Pablo vio al Hijo amado del Padre entrar en la creación

en el poder del Espíritu. Lo vio ir a la cruz, resucitar de entre los muertos y ascender al Padre. Y vio que en este acto fuimos purificados, hechos justos y aptos para el Padre, incluidos y aceptados en el círculo de su presencia y comunión, tal como fue planeado eternamente.

El propósito del Padre se ha llevado a cabo. Está consumado. Se ha cumplido en Jesucristo en el poder del Espíritu.

Hemos sido hechos santos e irreprensibles y llevados a la presencia del Padre *en Jesús*. Hemos sido adoptados e incluidos en el círculo bendito *en Jesús*.

Esto es lo que llena de emoción al apóstol y lo inspira con tanta pasión y expectativa. Y por eso abre esta carta con una *declaración* evangélica que también es un gran grito de alabanza: Bendito sea el Dios y Padre de nuestro Señor Jesucristo, porque *nos ha bendecido* con todos los tesoros de la vida celestial *en Cristo*, tal como lo planeó y predestinó antes de la creación del mundo. Ha sucedido. Ha tenido lugar. Ahora es una realidad fundamental, una realidad divino-humana, tu realidad.

Detente y absorbe esto. Lo que Pablo nos dice es que el propósito eterno del Padre ya es un hecho consumado. Nos dice que Jesucristo es el acto del Padre por el cual fuimos purificados, abrazados y hechos a medida para la presencia del Padre. Nos dice que esta es la verdadera verdad sobre nosotros. Hemos sido aceptados por Dios Padre Todopoderoso en Jesucristo. Hemos sido unidos al Padre y a todo lo que Él es y tiene en Jesucristo.

Pablo nos declara que no es nuestra tarea hacernos justos ante Dios. No es nuestra responsabilidad forjarnos un punto de apoyo en la existencia y plenitud de Dios. No es nuestra tarea abrirnos camino hacia el bendito círculo de la aceptación de Dios.

El Padre le encargó a Jesucristo esta obra y lo ungió con el poder del Espíritu Santo, ¡*y Jesús lo ha hecho*!

Jesucristo es el elegido, el único hombre de peso e importancia en todo el esquema de las cosas. Él es el secreto. Su venida y obra son lo único que cuenta. Estamos incluidos en Él y en Su obra. Jesucristo es nuestra humillación y nuestra exaltación a la gloria y a la vida.

Esto es lo que cortocircuitó la mente farisaica de Pablo y

se convirtió en su mayor gozo y liberación. El Padre designó a Jesucristo para ser nuestro salvador, nuestro punto de apoyo, nuestra aceptación. Y eso es Jesucristo, ahora y para siempre: nuestro salvador, nuestro punto de apoyo, nuestra aceptación. Ha sucedido.

'¡Eres Mío!'

Hace años, mis hermanos y yo íbamos a la oficina de correos con nuestro padre los sábados por la mañana. Había un cartel del Tío Sam colgado sobre la puerta de la oficina. Tenía una leyenda que decía: "El Tío Sam te busca". Y en la imagen, el Tío Sam nos señalaba con el dedo.

No importaba a qué parte de la habitación te dirigieras, el dedo del Tío Sam te señalaba. Simplemente no podías apartarlo. Nos pegábamos a la pared justo debajo del cartel y luego nos inclinábamos hacia adelante lo justo para verlo. No importaba, el dedo del Tío Sam seguía señalándonos. Era inevitable.

Eso es lo que el Padre está haciendo ahora. Nos señala con el dedo a ti y a mí. Él declara: 'Te he nombrado desde la fundación del mundo'. 'Tú eres el único, tú eres el hombre, tú eres la mujer, tú eres el niño'. 'Te creé para vivir en mi casa'. 'Te di a luz y te sostengo ahora con el único propósito de que seas justo para mí y estés en comunión cara a cara conmigo'.

'Y he destinado a mi propio Hijo para que sea el ejecutor de mi voluntad'.

'Y *Él* ha venido y te ha hecho santo e irreprensible'. 'Te ha limpiado de todo pecado, culpa e iniquidad'. 'Te ha hecho justo para mí y conmigo'

'En Él, has sido hecho a mi medida'. 'En Él, has sido exaltado a mi presencia inmediata'. 'En Él, te he abrazado y te he hecho mío'.

Esta es la asombrosa y bendita Palabra de Dios proclamada a toda la creación en Jesucristo: '¡Tú eres mío!'.

Sobre todo, esta Palabra nos llama a estar quietos, a detenernos. Esforzándonos, pulsamos el botón de pausa y escuchamos. Escuchamos. Escuchamos. Escuchamos. Esta es la única obra que podemos y debemos hacer ahora. Escuchar.

'¡Eres aceptado!' '¡Eres incluido!' '¡Eres mío!' Escucha la Palabra divina y recíbela. No seas incrédulo, sino creyente. Revísala una y otra vez.

¡Pero qué difícil nos resulta siquiera empezar a escuchar, escuchar con seriedad! Estamos tan acostumbrados a la retórica vacía y a la hipérbole que no podemos escuchar. Esto es demasiado simple. Es demasiado imponente. Es demasiado asombroso. Es demasiado acabado.

La verdad es tan ajena a todo lo que asumimos naturalmente. Es tan ajena a lo que pensamos de nosotros mismos y estamos tan seguros de saber que es verdad sobre nosotros mismos. ¡Es tan ajena a lo que siempre hemos escuchado en la iglesia! ¿Cómo podemos escuchar la Palabra del Padre?

¡Qué rápido sofocamos el *'Tú eres mío'* del Padre, expresado en Jesucristo, con nuestro propio "Sí, pero...". "Sí, pero soy tan indigno". "Sí, pero es evidente que no soy santo ni intachable". "Sí, pero en el mundo real...". Como si, de alguna manera, supiéramos más que Dios. "Bendito sea Dios, qué optimista es". "Ojalá Dios pudiera salir de su torre de marfil y comerciar en el mundo real por un rato". ¡Qué rápido damos más importancia a lo que sentimos o vemos con nuestros ojos que a la declaración divina expresada en Jesucristo!

Recibimos un rayo de esperanza y un poco de liberación, y pronto volvemos a caer en la esclavitud de las definiciones, expectativas y acusaciones de otros. El Padre nos ha abrazado y nos ha hecho suyos en Jesucristo. '¡Tú eres mío!'. ¿Quién más tiene peso? ¿Por qué escuchamos la voz de esos pesos ligeros? ¿Por qué damos a sus ideas, concepciones y opiniones un lugar tan importante en nuestras vidas? Dios Padre Todopoderoso ha hablado y habla. Escúchenlo.

¡Con qué rapidez el orgullo religioso se manifiesta en nosotros —*"Sí, pero debes hacer..."*— y todo lo que Dios Padre Todopoderoso nos proclama se descarta al instante! Como si temiéramos que esta gloriosa Palabra de Dios sea impotente; que escucharla y sumergirnos en ella no nos haga nada en absoluto, o peor aún, que desate la iniquidad y el pecado abundante.

Pero esta Palabra es poder de Dios para nuestra liberación y vida (Romanos 1:16). ¡Ojalá pudiéramos oírla! Es la verdad que nos hace libres (Juan 8:32). ¡Ojalá pudiéramos conocer la verdad!

El 'Tú eres mío' del Padre, dicho y pronunciado ahora en Jesucristo en el poder del Espíritu, se traduce en alimento y bebida, agua viva, esperanza y gozo, seguridad y certeza, entusiasmo y pasión por la comunión con nuestro Padre. Es Palabra creativa, llena del poder de inspirar, llenar, vivificar y liberar. *'¡Tú eres mío!'*. Esta es la única Palabra en el universo que tiene el poder de calmar la angustia de nuestras almas y producir en nosotros la gloriosa liberación de la adopción. "Sí, *pero...*".

El problema radica precisamente aquí: no en la Palabra ni en su capacidad para matar a los dragones que nos acechan y nos sofocan, convirtiéndonos en androides religiosos de plástico. El problema para ti y para mí es que no estamos del todo preparados para escuchar la Palabra. Seguimos pensando demasiado en nosotros mismos y en lo que podemos hacer y estamos haciendo. Seguimos creyendo en *nosotros mismos*. Seguimos creyendo que de alguna manera *podemos* liberarnos, o al menos que podemos hacerlo tan bien como simplemente creemos en la declaración del generoso abrazo del Padre.

Esta fe oculta en nosotros mismos y en nuestra opinión de nosotros mismos es la fuente secreta del sofocante "Sí, pero yo...". Todo lo que este "Sí, pero yo..." significa es que aún no hemos comprendido que somos completamente incapaces de hacernos aceptables. Todo lo que significa es que aún no nos hemos estrellado y quemado bajo la presión de abrirnos camino hacia el bendito círculo de la aceptación de Dios. Todo lo que significa es que aún no hemos llegado a ver el desastre que estamos creando. Todavía no hemos afrontado el hecho de que lo que estamos creando en nuestro trabajo para Dios, en nuestro esfuerzo por vivir la vida cristiana, no es en absoluto *vida en el abrazo del Padre*, sino mera nada religiosa: la mera forma externa, culturalmente definida y aceptable de plenitud y vida, servicio y amor. Todavía no hemos visto más allá de nuestra supuesta gloria y llegado al punto de saber que, sea lo que sea, está vacío de la gloriosa liberación de la adopción.

Porque cuando llegamos a saber que simplemente no podemos abrirnos camino hacia el Círculo bendito: cuando finalmente hemos sido bautizados en el conocimiento ineludible de que no tenemos esta vida, de que no la vivimos y de que, en realidad, somos impotentes para vivirla, y la desesperación se instala en nuestra alma, *entonces* estamos listos para escuchar la Palabra de Dios. *Entonces*, la simple noticia del propósito eterno del Padre, realizado y cumplido en Jesucristo, deja de ser una mera noticia religiosa y se convierte en *buena* noticia: *Palabra* inspiradora, esperanzadora, gozosa, liberadora y vivificante para nosotros.

Deja de ser algo que escuchamos y calificamos rápidamente con un "Sí, pero yo..." y se convierte en la bendición más grande que hemos escuchado en nuestras vidas, algo que inmediatamente enciende esperanza, seguridad y un resonante *aleluya* en nuestras almas desesperadas. Y hay más vida, más realidad cristiana genuina y humanidad, más luz evangelizadora en esa chispa de esperanza, seguridad y en ese aleluya de alivio que en treinta años de actividad religiosa.

Hay más poder para detener el crimen, más poder para transformar la cultura y generar valores en una persona que conoce la verdad, que sabe lo que Dios Padre ha hecho *de ella* en Jesucristo, y que, por lo tanto, tiene la seguridad corriendo por sus venas, que en mil de nuestros reinos generados por comités.

Vivimos en tiempos de abstracción. Ha pasado tanto tiempo desde que escuchamos el evangelio simple y puro proclamado desde nuestros púlpitos que nuestros teólogos se han entregado a juegos académicos sin vida y nuestras iglesias han recurrido a la programología para crear el reino. Es como si nunca hubiéramos visto la Palabra de Dios Padre Todopoderoso, expresada en Jesucristo en el poder del Espíritu, obrar su efecto.

Hablar de esta Palabra que genera liberación y vida nos parece un optimismo ilusorio.

Solo quienes aún no saben que se mueren de hambre se alejan de un festín. Los hambrientos se emocionan ante la perspectiva de comida y bebida. Los hambrientos comen, beben y se sacian, y con naturalidad disfrutan y comparten.

Pronto sentiremos nuestra hambre y nos desesperaremos. Pronto llegaremos al límite de nuestras fuerzas y estaremos listos para escuchar la bendita y asombrosa Palabra de Dios, expresada y resonando ahora en Jesucristo en el poder del Espíritu.

Dios Padre Todopoderoso te ha abrazado y te ha hecho suyo en Jesucristo. '¡Tú eres mío!' ¡Escucha! ¡Escucha! ¡Escucha! Esta Palabra es poder de Dios para nuestra liberación y vida (Romanos 1:16).

Amén. Ven, Espíritu Santo, danos ojos para ver y oídos para oír. Convierte nuestras mentes y líbranos de la idolatría para que podamos escuchar la Palabra y conocer la vida de la verdad, tal como Dios nuestro Padre la planeó y ejecutó en Jesucristo nuestro Señor

Capítulo 2 - La necesidad de la expiación

Efesios 1:3-8

Hace unos 150 años en Escocia, un joven ministro de la Iglesia de Escocia llamado John McLeod Campbell comenzó a debatir la cuestión de la expiación, la muerte de Jesús. No estaba solo en esto, por supuesto. Todo ministro que se precie ha luchado y lucha por comprender los motivos de la muerte de Cristo. Pero Campbell fue uno de esos hombres del Espíritu en la historia de la iglesia que no solo se esforzó por comprender, sino que su lucha produjo perspectivas profundamente liberadoras para la iglesia.

Su clásico libro *La naturaleza de la Expiación* (Londres: MacMillan & Co., 1856), aunque algo difícil de leer, es sin duda una mina de oro espiritual. Ciertamente, hay aspectos en los que Campbell falla, pero el libro sigue siendo uno de los más estimulantes que se pueden encontrar sobre el tema.

Campbell no era un teólogo académico ni un ministro profesional. Era un pastor del alma. No tenía ningún interés en la teología abstracta ni en contentar a la gente. Su pasión principal era comprender cómo vivir la *vida* y guiar a su pueblo hacia la vida *plena* que nos promete la Biblia.

Campbell estaba profundamente preocupado por el letargo que encontraba en el espíritu de su pueblo. Veía pocas señales de lo que Pedro llama "gozo inefable y glorioso" (1Pedro 1:8), o de lo que Pablo llama *"parresía"* (seguridad, confianza, libertad, audacia).

No era que su rebaño estuviera compuesto por personas incurablemente malas. Eran, de hecho, buenas personas y fieles asistentes a la iglesia. Pero tenían poco resplandor. Encontró pocos rastros de esa gracia cristiana tan sencilla, pero a la vez tan sanadora y vivificante: la paz genuina.

Como le dijo uno de sus feligreses el primer día de su ministerio: "Danos una doctrina clara, Sr. Campbell, porque somos un pueblo dormido". No eran un grupo inspirado, y si bien podían tener una fidelidad constante a los deberes religiosos, había *poco entusiasmo por Dios*. Campbell vio que, independientemente de lo que estuviera sucediendo, el cristianismo no estaba generando una auténtica libertad para Dios. En lugar de despertar un deseo ferviente de conocer al Padre e inspirar a las personas a acercarse a Él, liberándolas para disfrutarlo y vivir en su complacencia, el cristianismo estaba creando ambigüedad y represión espiritual. En lugar de la seguridad, que conduce a una verdadera relación con el Padre, existía una profunda vacilación que los conducía a un ocultamiento religioso. Algo los estaba frenando y sofocando su espíritu.

Fue como si se hubiera echado un aguafiestas sobre el alma de la iglesia.

La relevancia de la lucha de Campbell para nosotros hoy reside precisamente aquí. Si bien la iglesia significa muchas cosas para muchas personas, es dudoso que la descripción "gozo inefable, lleno de gloria" sea la frase que la mayoría de nosotros consideraría que mejor la describe. ¿Se ajusta la imagen de Jesús de un río de agua refrescante (Juan 7:38) a la iglesia contemporánea?

Confianza, libertad, seguridad, paz, esperanza, vivir en el placer del Padre, ¿son estas las palabras que nos vemos obligados a usar para explicar nuestra existencia cristiana? ¿Irradian estas realidades del alma de la iglesia contemporánea? Nos conviene seguir las reflexiones de Campbell, pues él se enfrentó al mismo vacío religioso e impotencia que nosotros. Y encontró respuestas.

Si bien su libro trata principalmente sobre la *naturaleza* de la muerte de Cristo, su riqueza reside en la forma en que Campbell conecta la muerte de Cristo con este problema del espíritu. Como cualquier otro pastor auténtico de su época y de la nuestra, estaba agobiado por la forma en que el espíritu de la época dominaba el alma de su pueblo, y él lidiaba con ello. El libro rebosa de su lucha. Intenta llegar al cáncer espiritual. Intenta comprender al aguafiestas. Intenta percibir lo que ha silenciado la seguridad y, por ende, la vida genuina.

En su lucha, se le puede ver relacionando el problema inicialmente con la forma en que la gente pensaba sobre Dios. La gente no estaba segura en su corazón de la actitud de Dios hacia ellos. La gente veía ambigüedad y vacilación en Dios hacia ellos. Y por lo tanto, en lugar de una seguridad, esperanza, gozo y libertad desbordantes, que encienden el deseo genuino de conocer a Dios, sus espíritus estaban sofocados, vacilantes, etárgicos y temerosos.

La Manta Mojada

Como pastor decidido a liberar a su pueblo, Campbell se dedicó a abordar este problema con más cuidado, a encontrar su raíz y a desenterrarlo. Descubrió que la causa fundamental era que el mensaje del amor asombroso de Dios en Cristo no *entraba dentro* del alma. La Palabra de la gran pasión del Padre por nosotros se estaba oscureciendo. Y no era porque el amor de Dios no se hubiera proclamado.

El pueblo lo sabía todo sobre el amor del Padre. Pero aún estaban dormidos, sin inspiración, temerosos, tímidos. Algo más profundo anulaba el mensaje del asombroso amor de Dios en Cristo, sofocándolo. Había *otra palabra* que tenía más peso en sus almas que la Palabra de la pasión del Padre por ellos en Jesús, la cual había encendido al apóstol Pablo. Había otro mensaje que se estaba transmitiendo y que cortocircuitaba la luz liberadora.

Seguramente, parte de este cortocircuito en la luz se debió a la forma en que la liberalización actual de las ideas de padre y amor vació las palabras de su poderoso significado bíblico, de modo que se convirtieron cada vez más en mera retórica. Una noción general de la paternidad universal de Dios, arraigada vagamente en el acto creador de Dios, en lugar de en la acción de Dios en Jesucristo, no tiene el poder de inquietar a una pulga, y mucho menos de despertar a los muertos. Aquí reside un grave peligro.

Pero Campbell descubrió que el problema fundamental del espíritu residía en la dirección opuesta, concretamente en la concepción más conservadora de la expiación. El verdadero culpable era la forma en que el pueblo entendía la necesidad de la muerte de Jesús. Aquí residía la fuente de la inseguridad espiritual y la falta de un deseo ferviente de su pueblo.

Vio que su pueblo entendía que la muerte de Jesús estaba dirigida a Dios. Jesús vino a satisfacer la justicia divina sufriendo el castigo que la culpa humana merecía. Porque, creían, hasta que esa justicia no se cumpliera y se sufriera el castigo apropiado, Dios no podía simplemente perdonar a los pecadores culpables y aceptarlos. Así, la verdadera razón por la que Jesús vino y murió fue para tratar *con Dios* en su nombre.

A Campbell le quedó claro que, por mucha predicación que hubiera en el corazón del Padre, o por el hecho de que fue el Padre quien envió al Hijo, había otro mensaje tácito que se escuchaba en el alma: Hay una parte de Dios que no está con nosotros, que debe ser condicionada para ser misericordiosa. Hay una *parte de* Dios que debe ser tratada antes de que Él pueda bendecirnos. Hay una parte de Dios que debe ser satisfecha antes de que Él pueda perdonarnos, antes de que Él pueda abrazarnos, antes de que Él pueda aceptarnos.

Para ponerlo en una sola frase: "Hay una parte de Dios que no me quiere".

Es la noticia de *esa parte* de Dios la que es aguafiestas. El conocimiento de esa parte de Dios crea cristianos indecisos, sin inspiración y egocéntricos. Es esta palabra la que genera religión y una práctica religiosa vacía y deshumanizante. Elimina todo anhelo de conocer al Padre y sofoca toda libertad para estar cerca de Él, pues crea ambigüedad y temor en el alma. Eran las noticias de ese lado de Dios las que acaparaban la atención de las almas del pueblo de Campbell. Escuchaban esta palabra sofocante cada vez que se predicaba el *evangelio.*

Cambiando los Postes de la Meta

Así, vemos a Campbell lidiando con el evangelio mismo, y en particular con la presentación y el envoltorio del evangelio que había heredado. Su gran contribución reside precisamente aquí. Cambió las reglas del juego. Sacó el debate sobre la muerte de Jesucristo del contexto de la ley, la culpa y el castigo, por un lado, y del contexto de las nociones liberales de la paternidad y el amor de Dios, por otro, y lo situó en el contexto del propósito eterno del Padre para nosotros y la amenaza de su disolución.

Priorizó lo primero. Con Pablo en Romanos 5, Campbell vio que incluso cuando aún éramos pecadores y nos oponíamos a Dios, el Padre estaba, sin embargo, a nuestro favor. Y con Pablo en Efesios 1, Campbell vio que detrás de todo yacía el propósito eterno de la adopción del Padre. Campbell situó este objetivo eterno de la adopción al final del camino y sostuvo que todo lo que decimos de Jesucristo debe entenderse a la luz de este objetivo. El secreto de la muerte de Jesús reside aquí en el propósito de la adopción.

La necesidad de la muerte de Jesucristo no reside en la satisfacción de esa faceta de Dios que nos desagrada. Ni en ser simplemente la revelación suprema de un amor genérico de Dios por nosotros. Reside en el propósito eterno del Padre para nosotros y en su incansable fidelidad a él a pesar de nuestra alienación.

Aquí, Campbell dio un giro a la expiación y consideró la muerte de Cristo no como el acto del Hijo dirigido a esa faceta de Dios, sino como el acto del Padre, el gran rayo del Padre lanzado desde el cielo para destruir todo lo que se oponía a su único propósito eterno y a su pasión por ti y por mí.

'Quiero que estén conmigo'. '¡Tú, mi Hijo amado, destruye todo lo que lo impide!'.

He aquí un Dios que conoce perfectamente nuestro pecado, rebelión y fracaso, y que mantiene su determinación de que estemos con Él como sus amados. El Padre nunca duda ni un instante de su propósito para nuestra adopción. Desde la eternidad, Jesucristo ha sido elegido para erradicar nuestro pecado, purificarnos y traernos a casa.

Frente al rechazo liberal del sufrimiento penal de Cristo a manos del Padre, y frente a la exageración conservadora del castigo sufrido por Cristo a manos del Padre, Campbell percibió la muerte de Jesucristo como el acto constante de la pasión eterna del Padre por nosotros.

Hazlo así, Número Uno

Hay una frase clave que se repite a menudo en la serie de televisión Star Trek: *La Nueva Generación*. En cada episodio, suele haber una crisis galáctica y el capitán John Luc Picard, de la nave espacial *Enterprise*, reúne a sus oficiales al mando para resolver la situación y elaborar una estrategia. Tras trazar un plan, el capitán Picard se dirige a su oficial de mayor rango, el comandante Will Rikker, y le dice: "Que así sea, Número Uno".

Esa es una gran frase. Es un tenue eco de la Palabra eterna, que precede a todos los mundos, el tiempo y el espacio, pronunciada por el Padre en conversación con su Hijo verdadero y fiel en el Espíritu. 'Quiero que sean uno conmigo; hazlo así, ¡Número Uno!'.

En eso reside la necesidad de la encarnación y la muerte del Hijo de Dios. Reside precisamente en el corazón del Padre. Reside en su inquebrantable determinación de que seamos bendecidos e incluidos en la vida Trina. Reside en su inquebrantable fidelidad a su propósito.

Ciertamente, había un gran obstáculo que se interponía en los planes del Padre. Pero el obstáculo no era el Padre. El problema no era que haya una faceta de Dios que deba ser tratada antes de que Él pueda perdonarnos, abrazarnos y aceptarnos.

El problema era que estabas *allí* y Él te quería aquí. Estabas en un país lejano y Él te quería de regreso. Estabas quebrantado, ajeno y equivocado, y Él había determinado que fueras sanado, expiado y justo para Él. Estabas atrapado en la rebelión, la corrupción y la muerte, y Él quería que estuvieras a su lado, incluido en el círculo de su abrazo y comunión, y hecho a tu medida para participar en su vida.

El problema era que el Padre, y *todas sus facetas*, están inquebrantablemente comprometidos con nosotros. Está decidido a que estemos con Él. Y por eso grita un ¡NO! todopoderoso e intolerante. 'No toleraré esa forma de existencia para ti.' 'No toleraré una existencia superficial, caída y rota para ti.' 'No toleraré tu nada, tu muerte y tu alienación. Eres mío, me perteneces, estás en mi casa, vivo en mi placer.' ¡*Por lo tanto*, hazlo así, Número

Uno!'

'Ve a un país lejano, sumérgete en su ruina, alienación, quebrantamiento, oscuridad y distanciamiento, sumérgete en la madeja de su culpa y corrupción, y deshazla, desenreda, destrúyela y tráelos a Mí.' 'Crucifica a esa humanidad falsa y rota que está tan esclavizada por el maligno.' 'Revoluciona todo su ser y situación; conviértelo, transfórmalo por completo'. 'No estaré *satisfecho* con nada menos.'

Esa es la necesidad de la muerte de Jesucristo. El Padre tomó una decisión sobre nosotros desde la eternidad. Y no cambiará. Su amor es inquebrantable. Así, en total oposición a nuestra alienación, Él envía a su Hijo para eliminarla.

Una nota sobre Atanasio

Unos 1500 años antes de Campbell, Atanasio escribió su breve tratado *Sobre la Encarnación del Verbo* (véase *San Atanasio sobre la Encarnación*, Londres: A. R. Mowbray & Co., 1953). Él también respondía a la pregunta sobre la necesidad de la encarnación y muerte de Cristo. Al igual que Campbell, Atanasio consideró la cuestión desde el contexto del propósito del Padre.

Debido al engaño del maligno y la desobediencia de Adán, "la raza humana", escribe Atanasio, "estaba en proceso de destrucción", "camino a la ruina" (§6), y "desvaneciéndose" (§8). "El hombre... estaba desapareciendo, y la obra de Dios se estaba deshaciendo" (§6). En este estado de cosas, para Atanasio la pregunta era: "¿Qué debía hacer entonces Dios, siendo bueno?".

> Fue indigno de la bondad de Dios que la criatura creada por Él fuera reducida a la nada por el engaño del diablo sobre el hombre; y fue sumamente indigno que la obra de Dios en la humanidad desapareciera, ya sea por su propia negligencia o por el engaño de los espíritus malignos. Así pues, como las criaturas que Él había creado racionales, como el Verbo, estaban pereciendo, y obras tan nobles se encaminaban hacia la ruina, ¿qué debía hacer Dios, siendo bueno?

> ¿Dejaría que la corrupción y la muerte se salieran con la suya? (§6)

La clave, para Atanasio, es la bondad de Dios, que es una declaración sobre el corazón del Padre. Si Él fuera neutral con nosotros, si nos hubiera creado a regañadientes, después de haber sido sometido a alguna presión, entonces las cosas serían muy diferentes. Pero Atanasio sabe que el corazón del Padre estaba en su obra creativa. Sus generosos planes para nosotros no surgieron de la tibieza, sino de una bondad decidida. Así pues, el problema: ¿Qué debía hacer entonces el Padre cuando *Su propósito* se veía amenazado de disolución? ¿Qué debía hacer entonces cuando *Su creación* se consumía en la inexistencia?

¿Debía darle la espalda y marcharse? ¿Debía ser indiferente? ¿Podría serlo? Para Atanasio, la única respuesta a esta pregunta es un rotundo '¡Por supuesto que no!'. "Era imposible, por lo tanto, que Dios dejara al hombre arrastrado por la corrupción, porque sería impropio e indigno de Él" (§6).

Encontramos aquí en Atanasio la misma lógica que encontramos en Campbell. Ante todo, el Padre es celoso de su propósito para nosotros. Así, el engaño del maligno, la ruina de la humanidad y el peligro de nuestra existencia no fueron recibidos con frialdad divina, sino con una oposición divina rápida y firme. ¿Cómo podría ser de otra manera? El Padre nos ama. Por tanto, como acto del compromiso eterno del Padre con nosotros y con Su propósito para nosotros, el Padre envía al Hijo a la batalla por nosotros, para librar una guerra contra todo lo que se oponga a Su glorioso propósito.

La expresión del corazón del Padre

El evangelio no es la noticia de que, al morir, Jesús lidió con el lado oscuro de Dios por nosotros. Tampoco es la noticia de que, al morir, Jesús reveló un amor genérico de Dios por nosotros. El evangelio es la noticia de que no existe un lado oscuro de Dios ni un amor meramente genérico. Es la noticia de que, mientras estábamos inevitablemente sumidos en una terrible oscuridad, el

Padre, en su total compromiso con nosotros, envió a su Hijo para oponerse y eliminar esa oscuridad a toda costa.

El evangelio nos declara que, por orden del Padre, Jesús se sumergió en nuestra alienación y ruina. Como cumplimiento del propósito eterno del Padre para nosotros, Jesús se bautizó en nuestro alejamiento, lo cargó sobre sí, lo llevó a la cruz y lo destruyó. Y allí, como acto del Padre, destruyó nuestra alienación, corrupción y falsa humanidad. Allí, como representación viviente del perdón del Padre, crucificó a Adán y extinguió la enemistad. Allí, como la autoexpresión del Padre, Jesús revolucionó todo nuestro ser y nuestra situación.

Por orden del Padre, Jesucristo deshizo la caída de Adán, dobló nuestra existencia y la enderezó para su Padre. Eso fue lo que sucedió en la cruz. Fue nuestra enfermedad, no la del Padre; fue nuestro lado oscuro, no el del Padre; fue nuestra alienación, nuestro quebrantamiento, nuestra corrupción y toda la red de nuestra culpa y maldad lo que hizo necesaria la cruz. Porque el Padre nos determinó a estar con Él y nos habíamos convertido en extranjeros.

Es muy correcto decir que la necesidad de la expiación surge de la justicia de Dios. Pero no fue una justicia legal abstracta que requiriera un castigo suficiente antes de que pudiera haber perdón. Fue la justicia de Dios Padre que surgió de su propio ser y de su único propósito eterno para nosotros. Hasta que ese propósito eterno del Padre para nosotros se cumpliera, no había justicia. Hasta que la razón del Padre para crear el mundo, hasta que el plan del Padre se cumplió y se puso en práctica, no hubo ni un atisbo de *satisfacción* divina.

Fue la fidelidad, la implacable fidelidad del Padre a su decisión eterna por ti y por mí, lo que requirió la crucifixión de su amado Hijo. Porque esa era la única manera de que la caída de Adán, y nuestra completa ruina en él, pudiera ser penetrada hasta la médula y deshecha. Esa era la única manera de que nuestra humanidad falsa y alienada pudiera ser aniquilada, reformada, de hecho, *recreada*, para Él. La muerte del Hijo encarnado fue la única manera de que el viejo hombre y su confusión con el maligno pudieran ser soberanamente circuncidados y hechos uno con el Padre.

Jesucristo es la expresión y el cumplimiento del amor eterno del Padre por nosotros. En Él nos encontramos cara a cara con lo que Dios Padre realmente piensa de nosotros. De hecho, en su venida y muerte recibimos la revelación del corazón del Padre. Todo el acto de la venida y muerte de Jesucristo es la Palabra de Dios dirigida a nosotros, declarando su inequívoca pasión por nosotros. Esta Palabra nos *llama* a la fe y la seguridad, a salir de nuestro escondite, a conocerlo y a vivir en su complacencia. Que el Señor conceda que esta Palabra sea escuchada en lo más profundo de nuestro ser, y que ahogue toda pseudopalabra y se traduzca en la gloriosa liberación de la adopción.

Capítulo 3 - Jesucristo, la respuesta de Dios y la nuestra

Juan 2:13-22

El apóstol Pablo nos ha tomado de la mano y nos ha guiado al lugar donde podemos ver la grieta en la creación y asomarnos a la eternidad. Con Pablo, hemos visto el corazón y el propósito de Dios Padre para nosotros antes de que la primera partícula de la creación surgiera. Hemos visto su pasión por nosotros y su plan de que estuviéramos con él como sus amados.

Sin embargo, la buena noticia no termina ahí. No, el apóstol nos lleva a ver que ni por un solo momento nos fue confiado el gran plan del Padre para nosotros. Nunca se pretendió que estuviéramos a cargo. Desde la eternidad, se nos ha dado un mediador. Desde la eternidad, el Padre encargó a su propio Hijo y lo nombró mediador, mesías, salvador. Desde la eternidad, el Padre puso la responsabilidad de hacernos santos e irreprensibles y de ponernos ante él, en las manos de su Hijo, Jesucristo nuestro Señor.

Pero, una vez más, el evangelio no termina ahí. Porque lo que hace que esta noticia sea tan buena y gloriosa es el hecho de que ya se ha cumplido. El Hijo de Dios ha llegado. El gran momento de los momentos, el acontecimiento que la creación y toda la historia anticiparon, ha llegado. El Hijo del Padre, nuestro mediador, nuestro mesías, nuestro salvador, nuestro sacerdote, ha entrado en la historia humana y todo se ha cumplido de forma radical y decisiva.

Esta es la buena noticia. Esto es lo que el apóstol Pablo ha visto. Esto es lo que lo ha inspirado y emocionado. Ha visto a Jesucristo con el Padre en la eternidad. Ha escuchado al Padre designarlo como el director general de toda la empresa. Y ahora el apóstol ha visto al Hijo de Dios salir de la eternidad al tiempo, a nuestra carne, y llevar a cabo el propósito de su Padre hasta su culminación.

Todos los escritores del NT saben que este acontecimiento

es cataclísmico. Sienten las ondas de choque que recorrieron todo el universo cuando el Hijo de Dios se hizo carne. Ellos saben que la venida de Jesucristo es el momento decisivo de la historia, de la creación, de su existencia y de la mía. Saben que aquí, en Jesucristo, todo encuentra su cumplimiento. Y los escritores del NT se sienten abrumados e impulsados a reflexionar sobre las asombrosas implicaciones de la venida de Cristo.

Este es el secreto para todos nosotros. Esta es la clave de la vida cristiana: saber lo que el Padre ha hecho con nosotros, con la creación, con el mundo, en Jesucristo por el poder del Espíritu. Porque es esta *verdad* la que nos hará libres, nos liberará y nos llenará.

No hay nada en toda la tierra que tenga el poder de liberarnos y transformarnos como la Palabra de Dios, la Palabra viva, hablada y hablando en Jesucristo. Y este es el llamado del Señor para nosotros nuevamente hoy: escuchar la Palabra, conocer la verdad, encontrar a Jesucristo y la pasión del Padre en Él. El camino a la vida es descubrir lo que significa que el Hijo de Dios haya entrado en la historia humana, haya venido aquí, haya entrado personalmente en nuestro mundo y nuestra situación. El camino a la reforma es a través de los apóstoles, regresar y estar con ellos y ver lo que ellos vieron, encontrar lo que ellos encontraron, escuchar lo que ellos escucharon, conocer lo que ellos conocieron.

Esto es lo que el Padre desea para esta generación y para cada generación: un conocimiento renovado del significado de Jesucristo. Todo se reduce a esto. Toda la vida cristiana consiste en estar quieto y contemplar al Hijo del Padre, y ver lo que Él ha hecho con nosotros en el poder del Espíritu. Porque lo que Él ha hecho con nosotros es asombroso, glorioso y vivo. La noticia es tan verdadera y buena que comienza a obrar en nuestro ser más profundo y a llenarnos.

A Dios Padre no le interesa nuestra religión. No le interesa lo que queremos hacer por Él y su gloria. Le interesa lo que Él ha logrado en Cristo, penetrando nuestras almas y comenzando a abrirse camino en nuestras vidas. Él quiere ver lo que ya ha hecho con nosotros en Cristo comenzar a llenarnos de adentro hacia afuera.

Ese es el camino hacia la reforma, la renovación y la vida. Así funciona el cristianismo. La noticia de Jesucristo comienza a vivir, respirar y tomar forma en nuestras almas desesperadas, y se abre paso en nuestras vidas. Es una realidad profunda y depende de que la noticia de la acción decisiva de Dios en Jesucristo se libere en nuestro ser más íntimo.

Los escritores del NT lo saben. Saben que la clave está en la noticia, la verdad, la Palabra viva, que llega a nuestra mente y corazón. Todo el NT es una larga lucha por comunicarse con nosotros, por darnos ojos para ver y oídos para oír lo que Dios ha hecho con nosotros en Jesucristo.

De esto habla Juan. Juan comienza diciendo que Jesucristo es el Hijo eterno de Dios, que estaba con Dios y es Dios, y que ahora ha entrado en la historia humana (1:1-3, 14). Y luego Juan procede a presentarnos algunas imágenes muy vívidas para ayudarnos a comprender lo que esto significa.

La escena de Jesús purificando el Templo es una de esas imágenes. Es una parábola viviente, relatada con gran cuidado por Juan, y su único propósito es mostrarnos lo que significa que el Hijo de Dios se haya hecho hombre. Esta es una imagen dramática de la gran transformación operada en Jesucristo por orden del Padre. Esta es la buena noticia en un drama.

Orientándonos

Lo primero que debemos hacer al leer esta historia sobre la purificación del Templo por parte de Jesús es asegurarnos de no pasar por alto el dramatismo absoluto de esta escena. Tenemos que ver este incidente tal como es.

Observemos primero el contraste con la primera parte del capítulo. Después de que Juan anuncia su tema de la encarnación, nos habla de Jesús transformando el agua en vino. Esta es la primera imagen, la primera señal, para usar la palabra de Juan, del significado de Jesucristo. Representa la transformación y la plenitud de la creación que tuvo lugar en la vida y la muerte de

Jesús.

Esta primera señal, sin embargo, ocurre en relativa oscuridad. Es privada y muy poca gente la conoce. En contraste, lo que sucede en la segunda parte del capítulo es sumamente público. Es enorme. Juan nos dice que la purificación del Templo tuvo lugar durante la celebración de la Pascua. Y la Pascua era una de las tres peregrinaciones anuales de los judíos. Era un acontecimiento importante en la vida nacional de Israel, y todo giraba en torno al Templo.

Imaginen un solo servicio de Pascua para toda la iglesia del estado. Todos reunidos en un solo lugar. Es un verdadero hervidero. El lugar rebosa de vida con reuniones, comidas, fiestas y conversaciones constantes. La reunión es tan grande que tuvimos que derribar la pared frontal de la iglesia más grande de la ciudad para que todos pudieran ver. En medio de las fiestas y conversaciones, todos vigilaban el edificio, el púlpito, la mesa del Señor y lo que sucedía dentro.

Aproximadamente a la hora en que debía comenzar el servicio principal, entró un hombre. Era joven, y la gran multitud lo reconoció como Jesús. Se acercó y tomó el micrófono. Todos supusimos que iba a enseñar. Pero en lugar de enseñar, Jesús arrancó el micrófono del púlpito, desenchufó el cable y comenzó a agitarlo como un látigo, echando a la gente de la iglesia. Vuelca la mesa de la comunión y derriba el púlpito. Grita a todo pulmón: "¡Dejen de hacer de la casa de mi Padre una casa de rituales muertos, carente de verdadero celo y vida!". "¿Qué es esto?". "¿Dónde está la verdadera pasión por mi Padre?".

Piensen en lo que sucedió en Juan 2. ¡Es una escena absolutamente increíble! ¡Esto es truenos y relámpagos! Este hombre entra y *purifica* el *Templo*.

Errol Flynn e Indiana Jones no se le pueden comparar. No son efectos especiales. Es real. Es de carne y hueso. Es audacia, coraje, nervio puro. No es un Jesús manso, apacible y dulce. Es un celo intenso. Es un acto de asombrosa agresión.

Jesús está al ataque. Es un golpe ofensivo. Ha entrado en el corazón mismo de la religión humana, del culto humano (la iglesia el Domingo de Pascua), y lo ha atacado. ¡Ha entrado en el centro de la vida de Israel y ha purificado la casa!

¿No sienten el temblor de la mano de Juan mientras escribe esto? ¿No ven a Juan saltando y gritando: "¡Miren! ¡Miren! ¡Aquí está!". "Esto también, al igual que la transformación del agua en vino, es una *señal* que nos revela lo que Dios ha realizado en Jesús".

El objetivo de esta historia no es decirnos que Jesús fue muy audaz y valiente para que nos maravilláramos de su audacia y valentía. No, el objetivo es darnos una imagen vívida que nos ayude a ver lo que la vida y la muerte de Jesús significan para nosotros.

El objetivo de esta purificación del Templo en Juan es enseñarnos sobre la muerte de Cristo. Por eso Juan se asegura de incluir el breve diálogo entre Jesús y los líderes judíos (vv. 18-21). Le piden sus credenciales y autoridad para tal acto. Y Jesús, enigmáticamente, dice algo sobre destruir el templo y reconstruirlo en tres días.

Los líderes, por supuesto, piensan que está loco. "Se tardó cuarenta y seis años en construir este templo, ¿y tú lo levantarás en tres días?" (v. 20). Y Juan añade: "Pero él hablaba del templo de su cuerpo" (v. 21).

¿Por qué Juan incluye este diálogo y hace este comentario al margen? ¿Por qué es importante? Lo hace para que no pasemos por alto el punto clave. Esta escena trata sobre la vida, muerte y resurrección de Jesucristo. Juan no quiere que pensemos que este incidente se trata simplemente de la purificación del templo por parte de Jesús. Es una señal de la verdadera purificación de la existencia humana que tiene lugar en Jesús mismo. Es una imagen gráfica de lo que Dios hace por nosotros y con nosotros en la venida de Jesucristo.

La Invasión Divina

Lo primero que debemos ver aquí es que Juan nos dice que en Jesucristo ha habido una gran *invasión* divina. El Hijo de Dios está *aquí* en carne humana, dentro de Israel, como judío, como hombre.

Dios ya no está allá afuera ni allá arriba. Ahora el Hijo de Dios está aquí.

Si pensamos en la relación de pacto entre Dios e Israel, entonces el hecho de que el Hijo haya venido aquí significa, ante todo, que Dios ha cruzado al lado de Israel en la relación de pacto. Ya no se trata de Dios por un lado y la humanidad por el otro.

Ahora Dios está en ambos lados de la ecuación. El Hijo del Padre ha invadido nuestro territorio, el lado humano de la relación divino-humana. Jesús ha entrado y se sitúa de este lado, nuestro lado, tu lado, de la relación. Este es el punto general. Dios ha invadido nuestra situación humana.

En el Antiguo Testamento, escuchamos a Dios llamar a Adán y Eva en el huerto: "¿Dónde están?" (Génesis 3:9). Él llama a su criatura, su criatura fiel, que le responde con fidelidad. Pero ese llamado resuena a lo largo de toda la Biblia y de toda la historia de Israel sin respuesta. Nunca recibe respuesta. Israel no le respondió. Tú y yo no le hemos respondido. Todos hemos fallado y demostrado ser irremediablemente infieles. Pero aquí ahora está el Hijo de Dios con nosotros, como uno de nosotros, dentro de nuestro lado de la relación, de pie con nosotros bajo este llamado. Él está de pie en el templo.

El plan eterno está tomando forma ante nuestros ojos. El Padre ordenó a su propio Hijo que cruzara la gran brecha y viniera a nosotros donde estamos e invadiera nuestra situación. Envió a su propio Hijo, en quien su alma se deleita, para que habitara en el templo de la carne humana. Y para que lo hiciera no solo como otro ser humano, sino como el Hombre, el Hombre *vicario*.

Aquí, Juan dice: "Miren esto: el Hijo de Dios está en el templo. Ha invadido nuestra situación. Ha invadido nuestro lugar en la relación y el pacto. Ha penetrado nuestra responsabilidad y el lugar donde estamos llamados a responder a Dios".

Esto es lo que significa que el Hijo de Dios ha entrado en la historia. Ocupa tu lugar ante Dios. Tu situación, tu dilema, ha sido invadida por el propio Hijo de Dios. Él ha tomado las riendas de nuestra existencia.

Y Juan dice: "Esperen, amigos, esto no es todo. ¡Observen

lo que sucede ahora!".

El Ataque Divino

Que el Hijo de Dios haya venido aquí no solo significa que nuestra parte de la relación divino-humana ha sido invadida. Esa es solo la primera parte de la historia, solo el telón de fondo del verdadero drama. Lo que vemos aquí es que el lado humano de la relación de pacto ha sido *atacado decisivamente* por Dios. Eso es lo que se representa con tanta fuerza en este incidente.

Jesús no solo está presente en el templo. No solo está aquí con nosotros. No solo está entre los arbustos con Adán y todos nosotros. No es neutral. No es pasivo. No se queda de brazos cruzados. No se une a la farsa. ¡No! Arde por su Padre. Está lleno de pasión por la gloria y el honor de su Padre.

No tolera la pereza, la frialdad ni la indiferencia. No hay lugar en su alma para la religión. Ama a su Padre con todo su corazón, alma, mente y ser. Así, en el contexto del templo, en el contexto de un ritual despiadado, en el contexto de la existencia humana caída, explota y pone orden. Pasa a la ofensiva. Ataca lo que sucede en el templo.

Esta es, por así decirlo, una ventana a la existencia misma de Jesús. Toda su vida es un acto de total oposición al fracaso y la pereza humanos. Esta escena en el templo es una vívida imagen de la misión del Hijo. El Padre no solo envía a su Hijo a nuestro lado de la relación, sino que lo envía a limpiar la casa. Lo envía a atacar el fracaso humano del pacto. Lo envía a tomar nuestra respuesta fallida y eliminarla por completo.

La presencia misma de Jesús y su celo ofensivo nos dicen mucho. Nos dicen que Dios está tan *a favor de nosotros* que no se queda de brazos cruzados esperando que nos acerquemos a Él. No espera que seas fiel. No espera que respondas a sus mandatos. No espera que te vuelvas lo suficientemente bueno para lograrlo. No espera que te hagas santo e irreprensible y que te abras camino hacia Él. No espera que le ofrezcas obediencia verdadera, sincera y pura.

No, el Padre está tan comprometido con nosotros que envía a su Hijo a través de la relación del pacto, a nuestra situación, a nuestro lugar, a nuestro fracaso. Y lo envía a *atacar*, a *limpiar* la casa, a reemplazar y reordenar toda la situación.

Él envía a su Hijo para destruir nuestro fracaso, nuestra infidelidad, nuestra impureza, nuestra indiferencia y rebelión.

Lo envía en una ofensiva diseñada para deshacer nuestra maldad y pecado, barrerlo todo y transformarlo todo. Jesucristo arde por la gloria y el honor de su Padre. Y arde en el templo. Arde en la existencia humana. Arde en el lugar donde estamos llamados a responder a Dios. Y ese fuego consume toda alienación.

Esa es la gracia de Dios. Eso es lo que significa la venida del Hijo de Dios. El Padre envía a su Hijo en una misión para buscar y destruir todas las barreras que nos separan de Él. Le ordena entrar y sitiar la fuente de la enemistad, eliminarla y traer *paz*.

El Padre envía a su Hijo para apoderarse de nuestra quebrantamiento y alienación, llevarlo a la cruz y destruirlo todo. Lo envía para penetrar y eliminar por completo nuestra alienación. Lo envía a destruir nuestro fracaso. Esa es la misión del Hijo de Dios. 'Ve, Hijo mío, entra en el reino de las tinieblas, toma su lugar, sumérgete en su pobreza, bancarrota y fracaso, invade la oscuridad, atácalo y destrúyelo todo'. Eso es lo que Jesucristo hizo en la cruz del Calvario. Penetró en la raíz de nuestra maldad y la destruyó. De eso se trata la purificación del Templo. Es una imagen de la gracia invasora de Dios en Jesucristo.

El relleno divino

Pero esta dramática escena en el templo no trata principalmente de purificación. El ataque de Jesucristo es, en realidad, solo una nota al pie de la cuestión principal. Lo que vemos en el templo es celo por la gloria y el honor del Padre. En primera instancia, ese celo se concreta en un acto de purificación. Pero si nos detuviéramos aquí, perderíamos el bosque por los árboles. Lo glorioso de esta historia es que *por fin* hay Uno de pie en el templo, *llenándolo* de sincera devoción al Padre.

El llamado de Dios en la creación se responde aquí con total fidelidad. '¿Dónde está mi criatura fiel?' '¿Dónde está el que creé para ser santo e intachable delante de mí?' '¿Dónde está el que llamé de la nada para estar delante de mí y vivir en mi presencia, gracia, amor y devoción?' Esta es la pregunta que atormenta a toda la creación y resuena en cada alma humana. '¿Dónde estás, dónde estás, dónde estás?' Es la pregunta que resurge irresistiblemente en la raíz de tu alma, y no tienes respuesta.

Pero aquí, por fin, en la creación, en nuestra carne, existencia y ser humanos, Uno responde al llamado.

El Hijo se adentra en la corriente de la existencia humana donde todos hemos fallado en responder al llamado de Dios. Se pone en el lugar de Adán, en el de Israel, en el nuestro. Y se opone a toda la historia de pereza e indiferencia humana, debilidad y fragilidad, obstinación y fracaso. Grita un ¡No! todopoderoso e intolerante contra ella. La ataca y la destruye. Limpia la casa.

Pero aún más que esto, Jesucristo no deja la casa vacía. No solo elimina nuestro fracaso, sino que lo reemplaza con su propia rectitud ante el Padre. No solo elimina nuestra respuesta falsa, sino que pone su verdadera respuesta en su lugar. Llena el templo con Él mismo y con todo lo que Él es ante su Padre. Pone nuestro nombre en su respuesta.

Él es nuestro sacerdote en el templo, quien nos ministra la respuesta a Dios. No solo ha invadido nuestra parte del pacto. No solo ha atacado nuestro fracaso. Ha llenado nuestra parte del pacto con su propia sinceridad, integridad, pasión, amor, santidad, paz y fidelidad.

Él responde por nosotros. Él es nuestra respuesta. Jesús es la respuesta del Padre y la nuestra.

El nuevo llamado

En su invasión total y ataque ofensivo, Jesús transformó por completo la situación humana ante Dios. En Él se produjo el verdadero éxodo. En Él fuimos liberados y conducidos a la tierra prometida. En su ataque, el Hijo de Dios actuó decisivamente, de una vez por todas, para liberar a la humanidad de las ataduras del pecado, la alienación y la ruptura. Y en su asalto ofensivo, el Hijo actuó no solo para destruir y liberar, sino también para establecer un nuevo orden en la existencia humana.

La respuesta ofrecida en Jesucristo constituye el reventar de los odres de la antigua relación del pacto y el establecimiento de un nuevo pacto entre Dios y la humanidad: una nueva relación entre su Padre y nosotros.

Por orden del Padre, Jesucristo forjó y materializó un nuevo orden, una nueva realidad de unión divino-humana. Mediante la encarnación, la crucifixión y la resurrección, mediante la fe y la fidelidad, forjó una relación justa de paz, comunión y bendición.

En sí mismo, en su vida, muerte, resurrección y ascensión, Jesucristo ha acortado nuestro camino y nos ha traído a su Padre.

Eso es lo que significa que el Hijo de Dios se hizo carne. Nuestra existencia alejada, caída y rota ha sido invadida y completamente destruida. Nuestra existencia ha sido remodelada, rehecha y ha recibido una nueva *forma* desde arriba. Esa es la gloria de Jesucristo. Él ha quitado nuestra alienación y nos ha hecho santos e irreprensibles. Ha cruzado el abismo de la separación, nos ha tomado y nos ha traído, en sí mismo, a su Padre.

En Él, *estamos* en una nueva posición, una posición de gracia sublime, una posición de verdadera paz con Dios, de una nueva relación con el Padre. Eso es lo que Jesús ha hecho, logrado, consumado.

No solo nos encontramos ante la pregunta del Padre: '¿Dónde estás?', sino ante su respuesta en la declaración del evangelio: '¡Estás en mi Hijo conmigo!'. Esa es la gracia de Dios en Jesucristo. Y aquí nos encontramos bajo un nuevo llamado de Dios nuestro Padre.

Se cuenta que, una vez, mientras Martín Lutero oraba, el diablo vino y comenzó a acusarlo (porque eso es lo que hace el diablo: acusar a los hermanos). El diablo empezó a mencionar todo lo que Lutero había hecho, dejado de hacer, dicho y no dicho, todas sus faltas y fracasos. Según cuenta la historia, Lutero se volvió hacia él y le dijo: "¿Eso es lo mejor que puedes hacer?". "¿Eso es todo lo que sabes de mí?". "Déjame ayudarte". Y Lutero procedió a contarle al diablo varias de sus debilidades, fracasos, faltas y pecados.

Pero entonces Lutero se volvió y dijo: "Pero eso no es todo". "Sí, soy pecador, pero soy pecador con un Señor asombroso que ha quitado mi culpa, mi vergüenza, mi pecado, mi infidelidad, y me ha dado una nueva relación con su Padre".

Ya ven lo que Lutero hacía. Estaba respondiendo con la verdad del evangelio a la mentira acosadora del diablo. En efecto, estaba diciendo: "No te atrevas a hostigarme con condenación y vergüenza, ni a intentar convertirme en un ratón de iglesia, encogido de miedo en un rincón, escondiéndome de mi Padre, cuando Jesús nos ha unido". "No te atrevas a intentar delatarme". "Estoy en Jesucristo, limpio, sin mancha ni arruga". "Estoy en el abrazo asombroso del Padre en Él". "No voy a volver a la vergüenza ni a la culpa". "No voy a volver a la nada de la práctica religiosa". "¡Fuera de aquí!".

Esto es lo que nos manda la noticia de la invasión, el ataque y la victoria divina de Jesucristo. Nos llama a creer en lo que Dios ha hecho y, por lo tanto, a salir de nuestro escondite y vivir en comunión sin vergüenza con nuestro Padre en Jesucristo. Porque nos declara que, por mandato del Padre, Jesús nos ha traído a Su Padre.

Nos declara la asombrosa noticia de que nuestra relación con el Padre no depende de nosotros; depende de Jesús. Este es el maravilloso regalo del Dios Trino para nosotros. Se nos ha dado una relación real con el Padre mismo y no depende de nosotros; es una relación en Jesucristo: creada, forjada y sostenida en Su fidelidad. Se nos manda deleitarnos en ella, gloriarnos en ella y llenarnos de ella.

La noticia resuena a nuestro alrededor y exige que la escuchemos y la acojamos en nuestras almas. Nos manda escuchar la Palabra y creer. Nos manda, por tanto, a acabar con los gemidos y los lamentos, a acabar con nuestra grandiosa y pretenciosa actividad religiosa, y a vivir en la conmoción del abrazo del Padre, con plena confianza, seguridad y esperanza.

La victoria de Jesucristo nos manda asimilar la gloriosa realidad de que Dios Padre nos ha aferrado con un dominio eterno en Jesucristo, y, por lo tanto, a tomar la Palabra y aniquilar los demonios de la inseguridad, el miedo y la desesperanza que tanto nos acechan y dominan. Estamos llamados a dejar atrás nuestros interminables intentos de justificarnos y la agotadora carga de demostrar que somos dignos de estar en la tierra, y a aceptar que, independientemente de que hagamos o no algo que marque nuestra estancia aquí como una inversión digna, *Él* ha justificado nuestra existencia *en Jesucristo*.

La noticia de la victoria de Jesucristo sobre nosotros exige que nos enfrentemos al debilitante acoso de la soledad y la vergüenza, con sus múltiples y enrevesadas implicaciones, y que las proclamemos con valentía como ilusiones grotescas, puras mentiras, ideadas por el padre de la mentira, porque *el Padre* nos ha aceptado en el Amado.

La Palabra de Dios, obrada y resonante en la invasión, el ataque y la victoria de Jesucristo, nos ordena dejar de intentar responder a Dios, en nosotros mismos, y creer en Jesucristo, la respuesta de Dios y la nuestra.

Esto es lo que el Padre quiere: personas que comprendan y crean en su Hijo y, por lo tanto, estén en *paz*. Quiere personas que crean que su alienación ha sido completamente destruida y que se les ha dado una verdadera relación con Él en Jesús. Quiere personas que vean y sepan, y por lo tanto, irradien la victoria del ataque de Jesús desde lo más profundo de su ser.

No religión, sino inspiración. No personas que se inventan una vida santa y artificial para Dios, que solo los engaña a sí mismos, sino personas inspiradas por la increíble noticia de haber sido aceptados por Dios. Esto es lo que Dios quiere que seamos: un pueblo atónito, con la boca abierta de asombro ante la noticia, y por lo tanto, un pueblo lleno de orgullo y maravilla por la gracia ofensiva de Dios en Jesús.

Nuestro Padre quiere personas que se alimenten de la Palabra de Jesús, personas que se atrevan a creer que *han* sido incluidas, y por lo tanto, un pueblo que con valentía vaya y viva donde ningún hombre ha ido ni vivido antes: hacia la presencia misma de Dios Padre Todopoderoso y hacia su gozoso deleite. Porque eso es lo que nuestro Padre planeó para nosotros en la eternidad, y eso es lo que ahora ha hecho con nosotros en Jesucristo, en el poder del Espíritu.

Levántate y resplandece, porque tu luz ha llegado,
y la gloria del Señor ha amanecido sobre ti. La
oscuridad cubrirá la tierra,
y la más densa oscuridad cubrirá a los pueblos. Pero
sobre ti ha amanecido el Señor,
y sobre ti ha aparecido su gloria,
y las naciones andarán a tu luz,
y los reyes al resplandor de tu amanecer
(Isaías 60:1-3).

Capítulo 4 - El hombre vicario

2 Corintios 5:14-21

Si extraemos algo de una lectura general del Nuevo Testamento, nos llevamos la impresión definitiva de que la venida de Jesucristo fue un acontecimiento enorme. Generó 27 libros de nueve autores diferentes. Y de una forma u otra, el tema de cada versículo, párrafo y capítulo es Jesucristo y lo que sucedió en Él.

Todos los escritores irradian asombro ante lo que ha tomado forma en Su venida, y se sienten obligados a ayudarnos a verlo. ¿Qué cristiano no querría estar donde ellos estuvieron, oír lo que oyeron y sentir lo que sintieron? Nuestro objetivo, en este breve libro, es facilitar precisamente esto. Es un intento de ayudarnos a conectar con el asombro visceral de la iglesia primitiva al estar en el Espíritu ante la gloria de Dios en Jesucristo.

Podemos resumir lo que estamos viendo en tres afirmaciones abstractas: (1) El Padre tiene un plan para nosotros, un plan glorioso y eterno; (2) Jesucristo ha sido encargado de este plan y lo ha cumplido en la historia; (3) El Espíritu está obrando ahora, revelando la victoria de Jesucristo al mundo.

Estas abstracciones son útiles a su manera, pero distan mucho de ser satisfactorias. Pues carecen de la pasión incansable del Padre por nosotros en su plan, de la gloria soberana de Jesucristo en su victoria y de la esperanza inagotable de la presencia y la lucha del Espíritu con nosotros y con toda la creación ahora. Por lo tanto, es de suma importancia que, si bien buscamos la concisión, nos tomemos el tiempo para pasar de lo abstracto a lo concreto, para que la verdad pueda tocarnos y liberarnos.

Detengamos el flujo por un momento para reflexionar con más detenimiento sobre el hilo rojo que recorre toda nuestra discusión. Está implícito en todo lo que hemos estado diciendo y explícito en algunos puntos. Pero es tan crucial que necesita ser aislado y resaltado deliberadamente. Es tan fundamental que necesitamos tenerlo presente una y otra vez. Este "hilo escarlata" es lo que el profesor James B. Torrance, de Escocia, llama *la humanidad vicaria de Cristo*.

Todo niño de la Escuela Dominical sabe que Jesús murió por nosotros.

Murió como sustituto. Sufrió en nuestro lugar. Pero el objetivo de hablar de la humanidad vicaria de Cristo es decir que tomó *nuestro* lugar, no solo para quitar nuestra culpa en la cruz, lo cual ciertamente hizo, sino para ser el sustituto de toda nuestra existencia humana.

Esto suena bastante aterrador al principio. Pero no significa que vino a reemplazarnos. Significa que vino a intercambiar humanidades con nosotros. Vino a intercambiar lo que *Él* es y tiene por lo que *nosotros somos* y tenemos. Vino a quitarnos nuestra humanidad alienada y darnos una humanidad real. Vino a intercambiar nuestra existencia rota por una existencia humana en unidad y cara a cara con su Padre.

La diferencia entre hablar de la *muerte* vicaria de Cristo y de la *humanidad* vicaria de Cristo es que uno dice que Jesús murió en nuestro lugar y el otro dice que Jesús está en nuestro lugar. Uno ve su justicia intercambiada por nuestra culpa. El otro ve nuestra existencia humana caída intercambiada por la existencia humana de Jesús con su Padre. Lo que se sustituye no es simplemente su justicia por nuestro pecado, sino *toda su existencia.* La suya es una *humanidad* vicaria en la que recibimos una nueva existencia humana con su Padre.

Es la naturaleza vicaria de la existencia de Cristo la que se esconde como la premisa fundamental detrás de lo que el apóstol Pablo dice en Romanos 5, 2 Corintios 5, Efesios 1-2 y Colosenses 1-2. Dice, por ejemplo, que "el amor de Cristo nos constriñe, habiendo concluido esto: que uno murió por todos, por consiguiente todos murieron" (2 Corintios 5:14). "En él habita corporalmente toda la plenitud de la Deidad, y en él estáis completos" (Col. 2:9-10).

Quizás con mayor claridad que cualquier otro escritor del NT, Pablo ve la *conexión* decisiva entre Jesucristo y la humanidad. Él ve que estamos unidos a Jesucristo. No lo explica. No se lanza a una diatriba interminable sobre cómo es posible. Simplemente lo ve. Adán lo preparó para verlo. Uno murió por todos, por lo tanto, todos murieron. Por Adán vinieron la condenación y la muerte a todos; poresús, la justificación y la vida a todos. En Adán fuimos viciados, en Jesús fuimos llenados.

El punto importante aquí es que Jesucristo no es una isla. No es un llanero solitario. No es un individualista estadounidense. No es otra perla desconectada en el interminable collar de la humanidad. ¡No! Jesucristo es aquel en quien todas las perlas se recogen, representan, incluyen y tratan. Él es nuestro vicario, nuestro representante y sustituto, nuestro ministro, sacerdote y mediador, el mesías, el último Adán.

Ciertamente, Jesús fue y es un individuo. Fue y es un solo hombre, una persona distinta. Pero, al mismo tiempo, fue y es más que eso. Él es el hombre "en quien": el hombre *en quien* Dios trata *con nosotros*, el *hombre vicario*.

Este es el punto decisivo que debemos ver. Es, de hecho, un punto definitorio. Nuestra generación está desesperada por definirse. Todos estamos en una búsqueda de identidad. Estamos frenéticos por encontrar nuestro yo, nuestro verdadero yo. Damos vueltas aquí y allá, en una larga y angustiosa búsqueda de nosotros mismos. Pasamos de una cosa a otra con descorazonada insatisfacción, al descubrir que el brillo no es oro y que precisamente aquello que creíamos que nos calentaría nos deja fríos.

Estamos vacíos y buscamos significado, un significado real, el tipo de significado que se nos pega a las costillas como mantequilla de cacahuete en lugar de disolverse en la nada como algodón de azúcar. Bueno, aquí termina la búsqueda. Aquí nos topamos con el secreto. Porque el apóstol nos declara que *nuestro ser* está ligado a Jesucristo.

Nuestra identidad, quienes somos, está envuelta en la identidad de ese hombre. Nuestra verdadera humanidad está ahí en Su humanidad. Nuestra verdadera existencia está ahí, entretejida en la existencia de ese hombre. La verdad sobre ti y sobre mí, y, de hecho, sobre el mundo, está ahí en Jesucristo.

Hasta que veamos esto, hasta que veamos que Jesucristo es aquel en quien tenemos nuestra existencia, nuestras propias vidas no pueden ser más que un enigma misterioso y angustiante. Sin Él no tenemos sentido. Él es *nuestro* hogar y no hay otro hogar *para nosotros*.

Hay miles de impostores, y todos nos hacen promesas grandiosas. Pero no tienen las definitivas buenas nuevas.

Porque no tienen una conexión real con nosotros. No son nuestros. Todos son externos a nuestro ser y, por lo tanto, están destinados a frustrar nuestra alma nostálgica.

Pero Jesús *nos tiene* en sus manos. Él no es externo a nuestra existencia; Él es la base de nuestro ser y nuestra *raison d'être* (razón de ser). Encontrarlo y conocerlo es encontrar descanso y paz, porque Él simplemente no es un extraño. Él es nuestro único hogar. En un sentido fundamental, encontrar a Jesucristo es encontrarnos a *nosotros mismos*.

La conexión entre Jesús y el Evangelio

La descripción de Jesucristo como el hombre vicario une las dos verdades cardinales del evangelio. Ambas se relacionan con la idea de conexión, una conexión de un tipo bastante profundo. Consideremos ahora la primera, que se relaciona con la conexión entre el mensaje y la persona de Jesús. Esta primera conexión radica en que la esencia misma del evangelio es Jesús mismo y lo que le sucedió a *Él*.

Esta verdad está siendo rápidamente eclipsada en nuestros días. Fue el núcleo de la teología de la iglesia primitiva. Fue recuperada en la gran Reforma. Pero hoy ha sido oscurecida nuevamente. Nos hemos centrado tanto en el hecho de que Jesús murió por nosotros, que se está olvidando que murió. Lo que Jesús hizo por nosotros se está volviendo más importante que Jesús mismo.

Si bien es sumamente obvio que Jesucristo es quien sufrió y murió, de alguna manera el hecho de que estas cosas le sucedieran ha perdido cada vez más importancia a medida que avanzamos en el camino. De alguna manera, los eventos de su vida se han vuelto más importantes que la persona a quien le suceden.

La atención se ha desplazado de la muerte de *Jesús* a la *muerte* de Jesús. El enfoque se ha centrado en la cruz, en lugar de Cristo en la cruz. Y antes de que nos demos cuenta de lo que está sucediendo, hemos pasado por alto el hecho de que fue *Jesús* quien vivió, sufrió, resucitó y *ahora está con el Padre*.

Sin darnos cuenta, Jesús se ha convertido en un mero medio para un fin, en lugar del fin mismo. Se ha convertido en un mero instrumento, una llave inglesa divina, por así decirlo, que Dios recogió y con la que trabajó en nuestro mundo roto, y que volvió a guardar en la caja de herramientas una vez terminada la obra.

Hemos perdido de vista la profunda conexión entre la obra de Jesús y Jesús mismo. Se han separado. Y como resultado, nuestra concepción más básica del evangelio se ha visto profundamente dañada y confusa.

Sin embargo, la gran obra de Dios en Cristo no es solo por medio de Cristo, sino en Cristo. Lo que Dios hace en Jesús, lo hace en y como Jesucristo. Es una obra encarnada.

Jesús no es una llave inglesa divina; es el Hijo *encarnado*. El gran intercambio no se trata de rendir cuentas. Se trata del Hijo de Dios haciéndose humano. La buena noticia es sobre lo que *ha sido del Hijo de Dios*. Se trata del cambio, digamos, que Él es. Se trata del cambio en *Su* existencia.

La imagen de una llave inglesa implica una clara desconexión entre la herramienta y el objeto que se está reparando. Es como un mecánico trabajando en un auto o un médico trabajando en un paciente. La herramienta no se ve afectada. El médico, como mucho, se ensucia las manos. Pero la obra de Jesucristo no es así en absoluto. Es una obra encarnacional. Él es el médico que se hizo paciente. Él es el mecánico que se convirtió en el motor. Se sumergió en nuestra existencia y la asumió. No trabaja a distancia ni desde la separación. Se hizo carne. Se convirtió en lo que *somos*.

La obra del Hijo de Dios radica en el hecho de que *Él* se hizo ser humano, *Él* sufrió, *Él* murió, *Él* resucitó, *Él* ascendió y vive ahora en el círculo de la comunión inmediata del Padre. Él está con el Padre ahora como ser humano.

He aquí el gran cambio. He aquí la buena noticia. Es la noticia de *Jesucristo* y su existencia como hombre con el Padre.

El énfasis fundamental no está en lo que Él ha hecho. Está en quién Él es y en lo que se ha convertido. El evangelio no trata de ciertos eventos aislados en su vida. El evangelio trata de lo *que ha sido de Él* en esos eventos.

Esta es la primera conexión que debemos ver. El evangelio tiene en mente el panorama general, la existencia completa de Jesús. Abarca toda su historia.

Sin duda, prestamos mucha atención a los eventos principales de su vida: su encarnación, muerte, resurrección y ascensión, por ejemplo. Pero estos eventos son cruciales porque forman parte del *evento* más amplio de su existencia. Son tan importantes por lo que Él hace y es en ellos, por lo que le sucede y lo que *Él* llega a ser en ellos.

No debemos perder de vista el bosque por los árboles. Debemos mantener la mirada fija en Jesús *mismo*. Eso es lo que nos dice el evangelio. Miren a este Dios que se hace carne y observen lo que le sucede, observen lo que llega a ser de Él.

Lo que Dios ha hecho en Jesucristo no es como una túnica que no tiene *per se* nada que ver con Jesús mismo. Una túnica se puede quitar y guardar en el armario. Se puede cerrar la puerta y la túnica se acaba. Es simplemente una prenda. Es extrínseco. No tiene conexión con la persona. Pero lo que Dios ha hecho en Jesús no se le puede quitar a Jesús. No se le puede quitar. No se le puede poner en otro lugar. Es una parte demasiado importante de quién es Jesús. No se puede desconectar de Jesús en absoluto, porque su misma existencia como ser humano con el Padre es obra de Dios.

La buena noticia no se trata de lo que hizo el Hijo de Dios; se trata de lo que el Hijo de Dios es y tiene en y a través de lo que hizo. El evangelio tiene en mente todo el evento continuo de su existencia personal, desde el vientre de la virgen María hasta su sesión humana a la diestra de su Padre en gloria. Es la buena noticia de Jesucristo, de su existencia humana y lo que llegó a ser de ella.

El Hijo de Dios se hizo hombre. Y tomó su humanidad a través de la muerte, a la resurrección y al abrazo del Padre. Se hizo carne y *como hombre* murió, *como hombre* resucitó y *como hombre* ascendió al Padre. Aquí llegamos a la esencia de lo que significa que el evangelio es la buena nueva de *Jesucristo*. El Hijo de Dios se hizo hombre y forjó una existencia humana con su Padre en el Espíritu. Se hizo hombre, desechó la falsa humanidad y forjó una nueva existencia humana. Él es la nueva existencia humana.

No es un simple instrumento utilizado para un fin superior. ¡No! Él es la meta. Su existencia humana con el Padre es el premio. Él mismo es la realidad del cambio.

Ahora, *como ser humano*, como hombre, está cara a cara con su Padre. Ahora, como hombre, mora en el Padre en total unidad. Ahora, como hombre, vive en el círculo de su comunión en el Espíritu. Ese es el evangelio; es la buena nueva de *Jesucristo*, de su existencia como ser humano con el Padre en el Espíritu ahora mismo.

Este es el punto que debemos recuperar. El Hijo de Dios se hizo hijo del hombre y ahora vive como hombre con su Padre en el Espíritu. Se hizo hombre y llevó su humanidad al Padre. Este es el cambio de los cambios. Se trata de lo que ha sido del Hijo de Dios.

La conexión entre Jesús y nosotros

Como señalamos, la descripción de Jesucristo como el hombre sustituto, el hombre *vicario*, expresa los dos conceptos cardinales del evangelio. Nos hemos centrado en el primero, a saber, la conexión decisiva entre Jesús mismo y la noticia. El evangelio no es la noticia de lo que Dios ha hecho *a través de* Jesús, sino de lo que Dios ha hecho *en y como* Jesucristo. Es la buena noticia de la existencia humana del Hijo de Dios, la cual Él forjó en total unidad con el Padre en el Espíritu. Ahora, pasamos al segundo concepto cardinal, que también tiene que ver con la idea de conexión. Pero aquí la conexión no es entre Jesús y el evangelio, sino entre Jesús y nosotros.

Hemos insistido en que el evangelio es la buena noticia de *Jesucristo*. Pero ahora reflexionemos sobre el hecho de que el evangelio es la buena noticia de Jesucristo. En otras palabras, dirigimos nuestra atención ahora al hecho de que lo que ha *sido de Él* es una buena noticia para nosotros.

En primer lugar, el evangelio se centra estrictamente en el Hijo mismo y en lo que sucedió con Él. En segundo lugar, el evangelio se centra en el hecho de que este fue un acto vicario. Estuvimos y estamos involucrados en Él y en lo que le sucedió.

Una cosa es ver al Hijo de Dios *como hombre* ahora con su Padre. Otra es ver que tú, yo y el mundo estamos unidos a Él. Aquí nos encontramos ante la asombrosa realidad de Jesús como el hombre vicario. Es este hecho lo que hace que el evangelio sea verdaderamente una *buena* noticia para nosotros.

El apóstol Pablo ve que Jesucristo no es un peso ligero en todo el esquema de las cosas. Ve que, si bien Jesús es un individuo y aunque solo Él murió y resucitó, este fue el acto de Dios tratando con todos nosotros. En sus propias palabras: "Dios estaba en Cristo reconciliando consigo *al mundo*" (2 Corintios 5:19). Él nos reconcilió en Cristo (v. 18).

Necesitamos reflexionar cuidadosamente sobre esto, porque la vida depende de ello. Una cosa es decir que Dios ha hecho algo en Jesús que puede ser nuestra reconciliación. Otra cosa muy distinta es decir que Dios *nos reconcilió* en Cristo.

Una nos deja al margen de los acontecimientos de la vida de Jesús. La otra nos implica en Él y en lo que le sucedió. Una dice que Dios hizo algo por nosotros en Jesús. La otra dice que Dios hizo algo *con* nosotros en Jesús.

Una presupone una desconexión entre Jesús y nosotros. Él está allá, nosotros estamos aquí. La otra supone una conexión decisiva. Él está allí y yo estoy ligado a Él. Estoy implicado en lo que le sucedió.

El apóstol nos dice que Dios no solo estaba actuando en Cristo, sino que nos estaba reconciliando a ti y a mí en este acto. En Jesús, Dios estaba haciendo algo *por mí, por ti, por el mundo*.

El antiguo himno plantea la pregunta: "¿Estabas allí cuando crucificaron al Señor?", y San Pablo responde con un rotundo "¡Sí!". Él ve que este acto tiene un significado cósmico. Él ve nuestra identificación, nuestra conexión con Jesucristo, o mejor dicho, su identificación y conexión con nosotros. Él ve la autoridad y el señorío de Jesús sobre nosotros. Él ve que tú y yo estábamos unidos a Cristo y lo que le sucedió. Él ve que Dios *nos* trató *en* Jesús. Estuvimos decididamente implicados en este acto único de Dios.

El apóstol Pablo vio a Jesucristo nombrado en la eternidad como aquel destinado a cumplir la pasión del Padre por ti, por mí y por la creación. Lo vio elegido para ser el mediador, el Director Ejecutivo, como lo hemos llamado, desde antes de la fundación del mundo. Y vio al Hijo de Dios entrar en la historia. Y ve que lo que sucede aquí *en* Jesús, en su existencia, no tiene una importancia periférica, quizá futura, para ti y para mí. ¡No! Pablo ve que la encarnación del Hijo de Dios es un evento de escandalosa soberanía divina en el que Dios, independientemente de nuestro permiso o voto, nos atrapó, nos reunió y trató con nosotros.

La encarnación es un acto de profunda identificación y conexión con nosotros. ¿Cómo podemos comprender esto? Somos estadounidenses. Somos independientes. Somos individualistas acérrimos. Desde el vientre materno, se nos enseña que podemos valernos por nosotros mismos. Se nos inculca desde el primer día que somos hombres y mujeres. Y cada día todo el sistema nos predica que nuestra identidad se encuentra estrictamente en nosotros mismos.

Sin embargo, el apóstol Pablo está aquí dando un duro golpe a esta noción engañosa y oscurecida. Nos declara que esto es una mentira. Nunca ha sido cierto. No somos individuos en absoluto. No existe un "solo yo", que se sostiene por sí mismo. Nos declara que estamos unidos a Jesucristo. Estamos conectados con Jesús. Él es nuestra Cabeza y Señor. Él es nuestro mediador y sacerdote, nuestro representante y sustituto. Su venida significa que no estamos solos; estamos en Él.

La humanidad, con todos sus individuos independientes, ha sido rodeada y reunida en la humanidad de Dios. La humanidad se ha reducido y centrado en Jesús. Él ha resumido todas las cosas en sí mismo (Efesios 1:10).

¿Es la encarnación del Hijo de Dios menos profunda que la creación de Adán? ¿Por qué deberíamos darle a Adán mayor peso en la creación que a Jesucristo? Él es el *Hijo de Dios*. Es el Creador, no otra criatura, quien se hizo humano. Como mínimo, su conexión con la raza humana es tan sólida como la de Adán. ¿No debería ser que, si erramos aquí, nos inclinamos por la gran superioridad de Jesucristo sobre Adán? ¿No debería ser que, en lugar de un ambiguo "Sí, pero...", deberíamos decir un rotundo "¿Cuánto más?"?

Tan cierto como que todos fuimos arrebatados por Adán, hemos sido arrebatados por Jesucristo, y aún más. Porque cuando el Hijo de Dios intervino personalmente en la ecuación de la existencia humana, Adán, la criatura, se topó con Dios el Creador y se convirtió en un peso ligero cósmico.

Si todo Israel estuvo implicado en el acto del sumo sacerdote al entrar en el Lugar Santísimo, ¡cuánta más implicación deberíamos ver cuando el *Hijo de Dios* se hizo humano y entró en la Presencia real!

¿Cómo podemos interpretar un *acontecimiento divino* tan radical como la encarnación del Hijo de Dios sino como un acto asombroso de identificación sustitutiva con nosotros? Él es Aquel por quien todas las cosas fueron hechas y en quien todas las cosas existen. Si lo eliminamos, toda la creación se evapora.

Cuando *Él* entra personalmente en la ecuación de la existencia humana, no es un momento secundario para ti ni para mí. No es una página de última hora, letra pequeña, noticia. Es un acto decisivo de señorío soberano sobre nosotros. Es el acto de Dios por el cual somos reunidos. Este es el *Hijo de Dios*.

Para bien o para mal, cuando *Él* entra en la existencia humana, lo que le sucede a Él nos sucede a *nosotros*. Para bien o para mal, lo que le sucede a Él, nos sucede *a nosotros*.

Esto es lo que ha cautivado a Pablo. Ha visto esta identificación, esta conexión divino-humana en Jesús, esta conexión Jesús-nosotros. Es enorme. Es soberana. Es decisiva. Jesucristo no es simplemente un hombre; Él es *el* hombre, el *hombre vicario*, en quien estamos decisivamente implicados.

La promesa del Hombre Vicario

El Hijo de Dios se hizo hombre y, mediante el fuego y la prueba, la crucifixión y la resurrección, forjó una existencia humana en total unidad con su Padre. Ahora, como ser humano, habita en la gloria y vida de Dios. Ahora, como ser humano, vive cara a cara con su Padre, seguro y plenamente partícipe de todo lo que el Padre es y tiene en el Espíritu.

Jesucristo, sin embargo, está ahora *con* el Padre no solo como hombre, sino como *el* hombre, el hombre *en quien* el hombre, el hombre *vicario*. Y eso significa que su misma existencia como hombre con el Padre, su misma humanidad en unidad con Dios, constituye *nuestra* reconciliación y glorificación.

Jesucristo, crucificado, pero ahora vivo y con su Padre, es la justificación de *nuestra* existencia. Él es el acto de nuestra inclusión y adopción.

El evangelio nos confronta con la asombrosa noticia de que en Jesucristo *nosotros* hemos sido purificados, reconciliados y glorificados. En él hemos sido llevados a la vida y gloria de Dios.

Por un lado, esta realidad nunca debe separarse de Jesucristo. *Solo Él* es el hombre justificado y glorificado. Solo Él mora en el Padre. Por otro lado, nunca debe separarse de nosotros. *Nosotros estamos* incluidos en su existencia justificada y glorificada.

Por eso, la iglesia primitiva proclamó a Jesús no solo como nuestro salvador, sino como nuestra salvación misma. Porque vieron estas dos grandes conexiones en el evangelio. Creyeron en la encarnación. Creyeron en la realidad continua de la humanidad del Hijo ahora y por la eternidad. Vieron al Hijo de Dios hacerse humano e ir, como hombre, al Padre. Y vieron la gloriosa, pero escandalosa, conexión que Él tiene con todos nosotros. Este fue un acto vicario. Su misma existencia con el Padre como el Hijo encarnado, crucificado, pero resucitado y ascendido, es la expiación entre Dios y la humanidad.

Él es uno, total y completamente uno, con el Padre en el Espíritu. Y Él es uno con el Padre como el hombre vicario.

Su existencia es la realidad misma de *nuestra* unión con Dios. Es nuestra reconciliación. Él es nuestra justificación. Él es nuestra paz con Dios. Él es nuestra glorificación y adopción.

No hemos escuchado el evangelio hasta que oigamos esto. No hemos visto la gloria de Jesucristo hasta que veamos su existencia con el Padre como la gloriosa verdad acerca de *nuestra existencia*. Porque en y como Jesucristo, Dios se apoderó de ti, de mí y del mundo, eliminó nuestra falsa existencia y nos recreó en unión consigo mismo. Eso es lo que significa la humanidad vicaria del Hijo de Dios: Él es nuestra unión con Dios.

Ahora bien, es la *realidad* misma de nuestra inclusión en Jesús y su vida con Dios, es el hecho mismo de que Él, como hombre vicario, es *nuestro* hogar con Dios y el universo, lo que crea las promesas —y las advertencias— del evangelio. O, dicho de otro modo, es el hecho de que Jesucristo es ahora nuestra reconciliación lo que crea la base y la necesidad de la fe. Es el hecho de que Jesucristo es Aquel en quien nuestra existencia es justificada y glorificada lo que hace que la Palabra de Jesucristo sea tan existencialmente poderosa.

Sin Jesucristo, no hay justificación para tu presencia en la creación. No tienes ninguna otra razón para existir. Si no fuera por el hecho de que Él está *con* el Padre, si no fuera por el hecho de que *Él*, como hombre, como el hombre vicario que se ha conectado contigo, está *en Dios*, tú no existirías. No tienes otro punto de apoyo en la existencia de Dios. Su lugar con el Padre, *como hombre*, es tu aceptación y, por lo tanto, tu única esperanza y seguridad. Sin Él no tienes seguridad, ni ancla en la vida. Sin Él no tienes garantía de seguir existiendo.

Es la gracia de Dios en Jesucristo, es la fe y fidelidad de Jesucristo, el hombre vicario, lo que nos sostiene a ti y a mí de la nada y nos da existencia. Porque Él es la única unión que Dios ha forjado con nosotros. No hay ninguna otra conexión con la existencia y la vida de Dios.

Desde una perspectiva negativa, esto significa para ti, para mí y para toda persona en el mundo que la ignorancia de Jesucristo, la ignorancia de lo que Dios ha hecho de nosotros en Él, no es un asunto secundario. La ignorancia de Jesucristo solo puede llevar a la desesperación más profunda. Porque solo el conocimiento de Jesucristo, y de lo que nos hemos convertido en Él, tiene la realidad y el poder de convencernos de que nuestra propia existencia no está en peligro.

Puede que el mero peligro de nuestra existencia nunca haya cruzado nuestra mente consciente. Pero eso no significa que no lo sepamos. Lejos de eso. El conocimiento más profundo y poderoso en nuestras vidas es el conocimiento del alma, el conocimiento del ser humano más íntimo. Y es allí, en lo más profundo de nuestro ser, donde *sabemos* que nuestra propia existencia está amenazada. ¿Cómo podría ser de otra manera? Solo en Cristo está nuestra existencia asegurada.

Quien no sabe lo que Dios ha hecho de él en Cristo no se encuentra allí con un alma en paz, tranquila, confiada y segura. ¿Sobre qué base podría haber verdadera calma o genuina seguridad? Es imposible.

Nuestra única seguridad en el universo es el hecho de que Jesucristo está con el Padre y que estamos incluidos en Él. Desconocer este hecho no deja nuestras almas tranquilas en una cómoda neutralidad; las deja profundamente enfermas. ¡Frenéticas! Atormentadas por la inseguridad. Muertas de miedo. Abrumadas. Desesperanzadas.

Lean atentamente el siguiente epitafio que una vez encontré grabado en una lápida:

El paso del tiempo hará
que estés aquí conmigo
y tú también serás olvidado.

Esto es lo que conoce el alma que ignora a Jesucristo: la ineludible amenaza de la nada inminente. Y sabe que no tiene forma alguna de acallarla y silenciarla. Solo la Palabra de Dios, expresada en Jesucristo, posee esa realidad y ese poder. Porque solo en Jesucristo se ha superado realmente la amenaza de la nada.

Solo en Él nos hemos convertido en algo. Solo en Él tenemos un punto de apoyo en el ser eterno. Ignorarlo significa que el más mínimo susurro de la nada aprieta las cadenas de la angustia en nuestras almas. Porque no tenemos respuesta en nosotros mismos, ni hay otra. No tenemos forma de silenciar el susurro amenazador: '¡Dejarás de existir!'.

Si no nos reconocemos partícipes de Jesucristo, incluidos en su existencia justificada y en su intimidad con Dios, estamos lejos de una neutralidad cómoda. Somos un manojo de nervios, sometidos incurablemente al asedio de la culpa y la vergüenza, y a la amenaza de nuestra desintegración.

Sin conocer a Jesucristo, ¿qué esperanza hay de experimentar paz, unidad personal o plenitud? ¿Cómo podría haber congruencia entre nuestro interior y nuestro exterior? ¿Cómo podría haber armonía entre nuestra alma y nuestra humanidad? ¿Cómo podríamos tener verdadera libertad de ser? ¿Cómo podríamos disfrutar auténticamente de nuestra existencia? Jesucristo es la única razón por la que nuestra existencia no se evapora.

Solo el conocimiento de Jesucristo, y de lo que el Padre ha hecho de nosotros en Él, tiene la realidad y el poder de producir paz, seguridad, esperanza, alegría y libertad en nosotros. Si eliminamos el conocimiento de Cristo, nuestras vidas, nuestras relaciones, nuestro trabajo y nuestro ocio, nuestro ir y venir, todo se convierte en variaciones sobre el tema de la angustia espiritual.

La obsesión de la nada nos impulsa a probarnos a nosotros mismos, a demostrar que somos personas importantes. Nos volvemos esclavos de todo lo que promete: carrera, prestigio, dinero, destreza atlética, poder, religión. Nos postramos para ser aceptados. Jugamos a cualquier juego, siempre que tenga alguna semblanza de realidad.

Creamos imperios de gloria imaginaria con la esperanza de que, de alguna manera, nos conviertan en algo. Nos convertimos en magos de la retórica, convencidos de que una plétora de propaganda creará algo real.

Nos volvemos agresivos, impacientes y enojados, o deprimidos y retraídos. Nos convertimos en chismosos y calumniadores, pues criticar a los demás nos da un momento de consuelo a nuestro propio miedo a la nada. Nos convertimos en adictos al trabajo, adictos a las ocupaciones, adictos a la religión, teleadictos y borrachos, porque no soportamos sentir esa obsesión.

Sin el conocimiento espiritual de Jesucristo y de lo que nuestro Padre ha hecho con nosotros en Él, nos volvemos completamente egocéntricos e incapaces de una verdadera amistad y amor. Porque nuestra alma está desesperada por protegerse. Cualquier relación que tengamos, la tenemos solo para nuestro propio beneficio. Porque no hay posibilidad de libertad para entregarnos por los demás cuando no hay seguridad de nuestra eterna seguridad.

Sin el conocimiento espiritual de Jesucristo, no somos personas neutrales. Somos personas dominadas. Nos sentimos acosados y ya somos dignos de lástima. Porque no hemos escuchado la Palabra del Único que cuenta y puede hablar con verdadera autoridad. Por lo tanto, no tenemos verdadero descanso, ni paz, ni esperanza, ni sentido, ni seguridad. Sin la Palabra Divina de seguridad, inevitablemente nos convertimos en expresiones psicológicas, fisiológicas y relacionales de angustia. Se forma irresistiblemente en nuestro ser humano.

Esto es lo que la ignorancia de Jesucristo y de lo que Dios Padre ha hecho de nosotros en Él crea en nosotros: ¡el infierno!

Pero el conocimiento espiritual de Jesucristo es el principio del fin de todo esto para nosotros. Conocerlo es vernos bajo una nueva luz, una luz que comienza a sanar el alma y a liberarla para vivir en la complacencia del Padre. Porque la luz de Jesucristo disipa la terrible oscuridad que tanto atormenta el alma.

El evangelio nos promete gozo y paz, esperanza, seguridad, plenitud y vida abundante. Nos promete seguridad, dignidad, gloria y libertad para amar. En lugar de un alma marchita, el evangelio promete que un río de agua viva brotará de nuestro ser más profundo y fluirá hacia los demás.

El evangelio no nos promete estas cosas porque confíe en nosotros, ni en nuestra capacidad de ser buenos cristianos o de aplicar principios religiosos a nuestras vidas. ¡Dios no lo quiera! Nos promete estas cosas porque conoce nuestra angustia y sabe que Jesucristo es realmente nuestra salvación. Sabe que Dios Padre nos ha abrazado en Él.

Por lo tanto, sabe que encontrar a Jesús no es simplemente encontrar otra buena idea, ni otra ingeniosa filosofía, ni otro prometedor programa de autoayuda; todo lo cual es tan bueno como nosotros podamos hacerlo. ¡No! El evangelio sabe que encontrar a Jesucristo es un acontecimiento que llega a la raíz de nuestro ser. Sabe que encontrar a Jesucristo es encontrar una verdad viva, una *realidad* que no permanece inactiva, sino que obra en nosotros.

Jesucristo no viene a nosotros como una abstracción. Viene a nosotros revestido de su evangelio, como la luz de nuestra vida, la verdad sobre nosotros. Escuchar la buena nueva de Jesucristo es encontrarnos con el hecho de que nuestra existencia no está amenazada, sino asegurada por Dios, que no somos culpables, sino justificados, que no estamos perdidos, sino encontrados, que no estamos solos, sino incluidos. Es escuchar una Palabra Divina que infunde paz, alegría, esperanza y seguridad en lo más profundo de nuestro ser. Es escuchar una Palabra que invade la fortaleza de nuestra angustia y temor, y comienza a aniquilarlos.

Si Jesucristo fuera una mera teoría o hipótesis, entonces su mensaje no tendría ninguna promesa real para nosotros. No tendría el poder de afectarnos. Nos llegaría solo como una palabra muerta, en lugar de la Palabra viva, activa y creadora de Dios, que tiene el poder de avivar la esperanza y la seguridad en nosotros. Porque sería solo otra información religiosa externa a nosotros y sin ninguna influencia real en nuestro ser y existencia. No nos llegaría como verdad, nuestra verdad, la verdad sobre nosotros.

El evangelio, sin embargo, nos declara que Jesucristo es nuestro Señor, el soberano vencedor sobre nosotros y nuestra existencia. Nos proclama que somos partícipes de *Su* existencia justificada, de *Su* gloria y vida con el Padre, que estamos en *Aquel* que ha vencido, que está seguro y vivo. Nos proclama que en Él, Dios Padre Todopoderoso nos ha tomado, nos ha arrebatado de la nada, nos ha abrazado y nos ha traído a casa. Niega el epitafio y su opresión.

El evangelio de Jesucristo no nos llega como información teórica o abstracta carente de realidad; nos llega como verdad viva. Nos llega como una verdad plena, cargada de la realidad de nuestra paz con Dios, cargada de la realidad de nuestra seguridad, cargada de la realidad de nuestra justificación y glorificación en Él.

Verlo, contemplar su lugar y gloria en todo el panorama, ver la grandeza y maravilla que Dios ha hecho *con nosotros* en Él, es escuchar al Padre declarar: "¡Tú eres mío!". Y recibir esta Palabra es que resuene como un *¡Sí!* desde lo más profundo de nuestro ser. Un *¡Sí!* que derriba las puertas de nuestra vergüenza y nuestro miedo oculto. Un *¡Sí!* que bautiza, baña y sumerge nuestras almas en la confianza de la aceptación del Padre.

Ver a Jesucristo con su Padre en el Espíritu, y verlo allí no solo como hombre, sino como el hombre vicario, como mi hombre, es el comienzo de la *vida*. Porque es vernos en Él, abrazados por el Padre mismo, y es así caer bajo la influencia espiritual de ver nuestra verdadera seguridad, paz y esperanza en Cristo.

Vernos unidos a Jesucristo es el comienzo de la liberación de nuestro profundo egocentrismo, que causa tantos estragos en nuestras relaciones. Es el comienzo de la libertad de la amenaza de la nada que nos incita a crear y a esclavizarnos a todos nuestros sistemas. Es el principio del fin de la práctica religiosa vacía en todas sus formas, pues es el comienzo de la verdadera libertad para relacionarnos con Dios Padre Todopoderoso y vivir la vida según su voluntad, y compartirla con los demás.

Porque ver a Jesucristo como el hombre vicario es, por fin, ver la impactante verdad sobre nosotros mismos: purificados y aceptados, justificados y abrazados. Es vernos no solos, sino incluidos; no culpables, sino perdonados; no alienados, sino reconciliados; no a la deriva en el universo, sino encontrados en Jesucristo y en casa, en el beneplácito del Padre. Y esa visión es verdaderamente gloriosa y poderosa, vivificante y liberadora.

Amén y aleluya. Ven, Espíritu Santo, ilumina con la luz de Jesús a nuestros ojos.

Capítulo 5 - La educación de la raza humana

1 Corintios 2:12, Juan 16:5-15

En nuestro último capítulo, hablamos de las dos conexiones cardinales del evangelio. La primera es la conexión entre Jesús mismo y el mensaje. El evangelio es la buena noticia de *Jesucristo.* No es la noticia de lo que *Él hizo*, sino la noticia de lo que el Hijo de Dios *se hizo* y lo que fue *de Él.* El Hijo de Dios se hizo humano y ahora, como ser humano, habita cara a cara con su Padre. Por toda la eternidad, será humano. Por toda la eternidad, compartirá plena y completamente, como ser humano, la existencia y la vida de su Padre en el Espíritu.

En primer lugar, el evangelio es la noticia de lo que le ha sucedido al Hijo de Dios. Se ha hecho humano y, mediante la vida, la crucifixión, la resurrección y la ascensión, Él, como hombre, habita ahora y para siempre dentro del círculo de la vida y la gloria Trina de Dios.

La segunda conexión es entre Jesús y nosotros. En su gracia soberana, el Padre nos implicó y nos vinculó con Jesús y con lo que fue de Él. Jesucristo no es simplemente otro hombre individual; es el Hijo de Dios hecho hombre. Él es *el Hombre,* Aquel en quien el Padre se apoderó de ti y de mí, nos limpió, nos aceptó y nos hizo partícipes de la vida misma del Dios Trino.

Jesús es el *hombre vicario.* En lo que Él hizo en la encarnación, muerte, resurrección y ascensión, hemos sido recreados e introducidos a la comunión inmediata del Padre y a la *vida* sobreabundante.

En segundo lugar, el evangelio es la buena noticia de la conexión decisiva entre Jesucristo y nosotros. Es la noticia de nuestra inclusión en Él y en su existencia humana justificada, reconciliada y plena con su Padre.

Ahí reside el corazón del evangelio. Es la noticia de lo que fue *del Hijo de Dios* y de lo que fue de nosotros en Él. Es la declaración de que no estamos solos, sino que estamos divinamente unidos a Jesús y a su Padre, como dijo Pablo: "Habéis muerto, y vuestra vida está escondida con Cristo en Dios" (Colosenses 3:3).

La evidente discrepancia

No hace falta ser un neurocirujano para discernir, sin embargo, que lo que ha sido de nosotros en Jesús, el hombre vicario, dista mucho de lo que experimentamos en nuestras vidas ahora. Hay una discrepancia flagrante entre lo que el Padre ha *hecho de nosotros en Jesús* y lo que *somos en nosotros mismos.* En Jesús, somos justificados y reconciliados, uno con el Padre, vivos en su vida y gloria. En nosotros mismos ahora, estamos lejos de experimentar esta justificación, reconciliación y vida. Nuestras vidas son más una forma de escondernos de Dios y de los demás que una forma de unidad.

¿Por qué es esto? ¿Por qué esta flagrante discrepancia? Si el Padre me ha abrazado, reconciliado, justificado y adoptado en Jesús, ¿por qué entonces mi vida es como es? ¿Dónde está este abrazo y esta reconciliación? ¿Dónde está esta gloria y esta unidad?

Si Dios ha reconciliado al mundo en Jesús, ¿por qué el mundo es un desastre? Si Él ha establecido *shalom* en Jesús, ¿por qué nuestras relaciones son tan frágiles y superficiales, y la tierra está plagada de tanta violencia?

Si Dios ha recreado la creación en el hombre vicario, y nos ha dado no solo un nuevo comienzo o una nueva situación legal, sino una nueva humanidad en armonía con Él en Jesús, ¿por qué entonces el conflicto, la avaricia, el egoísmo y la "inclinación al pecado", como lo expresó el autor del himno? ¿Por qué la religión vacía? ¿Por qué la depresión, la ira y el cinismo? ¿Por qué la frustración y la lucha? ¿Por qué el odio, la amargura y la enemistad? ¿Por qué el sufrimiento? ¿Por qué el caos? ¿Por qué nos sentimos tan vacíos y perdidos?

Si el Padre nos ha exaltado al círculo mismo de la vida Trina de Dios en Jesucristo, ¿por qué hay tan poca experiencia de esto, incluso en la iglesia?

¿Qué ha causado esta enorme brecha entre "quiénes somos en Cristo" y "lo que experimentamos en nuestras vidas ahora"? ¿Qué es responsable de esta enorme y desagradable brecha entre "lo que Dios ha hecho de nosotros en Jesús", por un lado, y "lo que sentimos, vemos, saboreamos y conocemos ahora", por el otro? ¿Qué ha causado y sigue creando una distinción tan terrible? ¿Qué nos impide experimentar plenamente la vida y la relación con el Padre, con los demás y con la creación, que es nuestra en Jesucristo? ¿Qué se interpone en el camino? ¿Qué nos impide ser nuestro verdadero yo en Cristo?

No es Jesucristo quien produce quebrantamiento, superficialidad y temor oculto. No es Jesús quien produce ira y depresión, cansancio, lujuria y avaricia. No es Jesús quien produce desesperanza, ni ajetreo impetuoso, ni esclavitud postrante al sistema. Jesucristo no produce caos ni egocentrismo. Produce vida.

La pregunta que debe responderse es esta: ¿Qué es lo que produce estas cosas en nosotros? ¿Qué es lo que crea esta forma de existencia humana? ¿Cuál es el poder secreto que obra aquí y ejerce tanta fuerza en nuestras vidas? ¿Cómo opera y toma el control?

Y una pregunta aún mejor es: ¿Qué está haciendo Dios con respecto a este poder acosador y dominante? ¿Nos ha abandonado el Dios Trino a nuestra suerte? ¿Nos ha reconciliado el Padre y nos ha exaltado al círculo de su comunión y bendición inmediatas en Cristo, solo para dejarnos ahora a nosotros descubrir cómo vivir en esta gloria? ¿Ha hecho nuestro Padre tanto esfuerzo para planificar nuestra salvación y ejecutarla en Cristo, solo para darnos la espalda y dejarnos encontrar nuestro propio camino? ¡Dios no lo quiera! El Padre, en el nombre del hombre vicario, derrama sobre nosotros al Consolador, el Espíritu Santo.

"Y él, cuando venga, convencerá al mundo de pecado, de justicia y de juicio". Y "el Espíritu de verdad... os guiará a toda la verdad" (Jn 14:8, 13). "Y nosotros no hemos recibido el espíritu del mundo, sino el Espíritu que proviene de Dios, para que sepamos lo que Dios nos ha concedido" (1Co 2:12).

Mecánica espiritual

La frase *mecánica espiritual* es algo así como una

contradicción. Normalmente no asociamos la mecánica con asuntos espirituales. Pero lo cierto es que nuestro actuar y ser externos están ligados a un mecanismo interno que es espiritual. Hacemos lo que hacemos debido a lo que sucede en nuestro interior. Nuestras acciones externas son fruto de dinámicas internas. Nuestras relaciones, o la falta de ellas, se moldean por lo que sucede en nuestro interior. Vivimos, actuamos y reaccionamos, respondemos y nos relacionamos, de adentro hacia afuera.

Todos hemos lanzado una piedra a un estanque y hemos visto cómo crea una serie de ondas, círculos concéntricos. Cada uno de esos círculos es, en esencia, una extensión o expresión del círculo interno. Ese es el punto que debemos ver aquí. Nuestros valores e intereses, nuestros sentimientos y emociones, nuestra perspectiva e interpretaciones, nuestra actuación y reacción, nuestra relación y respuesta son todas extensiones o expresiones del círculo interno de nuestro ser. Vivimos de adentro hacia afuera. Todo es muy espontáneo e involuntario, es decir, no tenemos que pensarlo para hacerlo. Simplemente sucede. Lo que ocurre en nuestro interior se expresa inevitablemente en acciones y reacciones externas; toma forma humana.

Se cuenta la historia de un pastor que olvidó despedir a los niños más pequeños después del sermón. Se dio cuenta de lo que había hecho cuando dos de sus hijos se pusieron nerviosos y empezaron a retorcerse por todo el banco. Para todos los niños pequeños, quedarse quietos en la iglesia, o en cualquier otro lugar, es simplemente un concepto abstracto. Cuando llegó la hora de la oración pastoral, el predicador anunció la oración y la congregación se inclinó. En esa fracción de segundo entre la inclinación y la oración, el predicador hizo contacto visual con sus hijos, que vibraban en la segunda fila, y articuló las palabras "enderécense".

Un sentimiento de horror lo invadió al notar que una señora sentada en la primera fila se incorporó bruscamente y lo miró con asombro e incredulidad. Estaba sentada justo entre el pastor y sus hijos, y pensó que el pastor se dirigía a ella.

¡Quién sabe qué pasó por su mente al percibir que el predicador le decía que se "enderezara" delante de toda la congregación! Más tarde, el pastor dijo que no conocía a la señora y que solo vio una imagen borrosa mientras salía corriendo por la puerta principal sin decir palabra.

Por muy graciosa que sea la historia, a menos que, por supuesto, seas la señora, nos da una imagen concreta de cómo nuestro interior moldea nuestro exterior. Lo que sucede en nuestro interior se expresa rápidamente en acción y reacción. No era que la señora tuviera que pensar en todo esto lógicamente. No tenía que llegar a la conclusión de que debía sentirse avergonzada y enojada con el pastor, y que, por lo tanto, debía aplicar esa vergüenza y ese enojo a su relación con él. Simplemente sucedió. Lo que percibió apagó su capacidad de relacionarse; tomó forma relacional.

Fue espontáneo. Dominó toda su actitud hacia el servicio y las personas que la rodeaban. Su círculo íntimo se transformó en una respuesta; se expresó en su relación o no relación.

Permítanme darles otro ejemplo. Dos niños juegan en el estudio con su padre y su madre. Se divierten, ríen y hacen tonterías. Es una escena de completa libertad, bienestar y alegría. Un amigo del padre toca el timbre. Lo invitan a pasar y se sienta en el sofá. Los niños dejan de jugar y guardan silencio. El niño pequeño se baja la gorra de béisbol hasta los ojos. Los niños se aferran a su madre y a su padre. Se van a un rincón de la habitación, se esconden debajo de una mesa y empiezan a jugar en silencio.

Toda la escena ha cambiado drásticamente. En un momento hay libertad, al siguiente, un escondite sofocado. En un momento hay alegría exuberante, al siguiente, inseguridad y silencio. No es que los niños tuvieran que pensar en esto. Percibían al amigo del padre como un intruso, un extraño, quizás incluso una amenaza o un enemigo. Y su percepción interior se materializó inmediatamente en su ser y actuar exteriormente. Esta percepción se aplicó a su comportamiento; se extendió a sus relaciones. Su interioridad se expresó en su exterioridad. Ahora bien, estas historias son simples y, más o menos, ilustraciones superficiales, pero nos ayudan a ver que existe algo así como una mecánica espiritual que opera en nuestras vidas. Nos ayudan a ver que somos criaturas espontáneas; vivimos espontáneamente de adentro hacia afuera. Además, nos ayudan a ver que este "interior", que tanta influencia ejerce sobre nosotros, es percepción, conocimiento, creencia.

Una de las grandes palabras bíblicas que une todo esto y le da un giro mucho más rico y profundo es la palabra *alma*. El alma es el centro de nuestra humanidad. Es el círculo interior, el núcleo, la esencia misma del ser humano. No es como un dedo o una pierna, no es una parte que encaja con otras para conformar nuestra humanidad. El alma es el punto donde todo lo que nos rodea se integra. Es el eje de nuestra humanidad física, intelectual, emocional y relacional.

El alma es como una fuente que fluye hacia cada dimensión de nuestra existencia. Lo que sucede en el alma se expresa espontáneamente y toma forma en la vida. En otras palabras, la razón por la que hacemos lo que hacemos, actuamos como actuamos y reaccionamos como reaccionamos se debe a lo que sucede en nuestras almas. De una manera simple pero profunda, *somos* la expresión de nuestras almas.

Nos encanta hablar de libertad en Estados Unidos, pero aquí no hay libertad alguna. Ninguno de nosotros está libre de su alma. Su influencia física, emocional y relacional es ineludible. El alma se *aplica a nosotros*. Así es como estamos diseñados.

Piensa en una cebolla. Tiene capas y capas. Pero, en esencia, cada capa es simplemente la expresión de nuestro núcleo interno. Este núcleo interno para nosotros es el alma. Y tiene mente propia, por así decirlo. Ve. Oye. Cree. Sabe. Y lo que ve y oye, cree y sabe, toma forma espontáneamente en nuestras actitudes y sentimientos, y se expresa en nuestra relación y respuesta a todo lo que nos rodea.

Lo que sucede en nuestro ser más profundo no tiene una mera influencia periférica. Es el secreto oculto de nuestra vida. Es, en el sentido más fundamental, la razón del por qué somos lo que somos, *por qué* actuamos como actuamos y hacemos las cosas que hacemos.

El verdadero problema

La flagrante discrepancia entre "lo que Dios ha hecho de nosotros en Cristo" y "lo que experimentamos en nuestras vidas ahora" tiene su causa humana aquí mismo, en el alma, y específicamente en lo que nuestras almas saben y creen.

Aunque no quiero ser demasiado simplista, la pura verdad es que es el *conocimiento* del alma lo que produce nuestra angustia y malestar. Es la *percepción* del alma lo que produce nuestra lujuria y codicia, nuestra frustración, ira y depresión, nuestro ajetreo impetuoso y nuestra esclavitud al sistema más accesible de alguien. Es la *creencia* del alma lo que produce el ocultamiento, el quebrantamiento y la lamentable superficialidad en nuestras relaciones.

Hay, por supuesto, muchos otros factores que deben tenerse en cuenta. Pero el problema fundamental es que tú, yo y el mundo entero estamos en la oscuridad. No percibimos las cosas como realmente son. Todavía no sabemos, *realmente*, quiénes somos en Jesucristo.

Lo hemos vislumbrado. Ha brillado ante nosotros y ha encendido en nosotros un destello de esperanza, fe y anhelo. Pero la verdad de lo que el Padre ha hecho con nosotros y de lo que nos ha hecho en su Hijo es más como un rumor que hemos oído y que solo creemos vagamente.

No *conocemos* como nos somos *conocidos* (1 Corintios 13:12).

Todavía solo nos asomamos por debajo de la mesa, como niños, empezando a sospechar que tal vez el visitante sea un amigo y no un intruso. Pero el alma aún no está completamente convencida.

Cuando eso suceda, cuando la verdad de lo que Dios ha hecho con nosotros en Jesucristo arraigue en nuestras almas y pase de ser una sospecha esperanzadora a un *conocimiento* espiritual fundamental, entonces la gloriosa liberación de nuestra adopción se convertirá en la atmósfera espontánea de nuestras vidas, la luz de nuestra existencia. Dará fruto en nuestro pensamiento y visión, en nuestra relación y respuesta. Se expresará y se extenderá por cada rincón de nuestra humanidad y de nuestro ser humano. Llegaremos a ser lo que somos en Cristo: reconciliados, en una correcta relación con el Padre, entre nosotros y con la creación.

Como dijo Jesús, *conocer la verdad* nos hace libres (Juan 8:31-32).

La transformación de nuestra experiencia que buscamos, nos dice Pablo, se logra mediante la renovación de nuestra mente, la conversión de nuestro entendimiento espiritual, de saber y creer (Romanos 12:2).

Por eso, ora por los efesios para que Dios les conceda el Espíritu de sabiduría y revelación en el conocimiento de Cristo, para que los ojos de su corazón sean iluminados, para que conozcan la esperanza, las riquezas y el poder de la obra de Dios en Cristo (Efesios 1:17-19; cf. 3:14-19; Colosenses 1:9ss).

Todo se reduce al conocimiento espiritual del alma.

Esa es la misión del Espíritu Santo ahora. Nos ha sido dado para guiarnos a *conocer* lo que el Padre ha hecho de nosotros en Jesús. Y no hablamos aquí de un mero conocimiento intelectual, de un *conocimiento* doctrinal abstracto. No hablamos de una fe diminuta ni de una sospecha esperanzada, sino de un conocimiento espiritual plenamente seguro y convencido. Una comprensión inexpugnable, en el Espíritu, iluminada y sin trabas de la verdad de quiénes somos en Cristo, en lo más profundo de nuestras almas, en el círculo íntimo de nuestro ser, en lo más profundo del ser humano.

Mientras tanto, la falta de *conocimiento del alma*, de lo que el Padre ha hecho de nosotros en Jesús, no nos deja con una creencia y un conocimiento neutrales. No deja al alma, con toda su fluctuación espontánea y su influencia penetrante, sellada en un vacío neutral. La deja bajo el acoso de Diabolos: el diablo, el adversario, el acusador, el autor de la confusión y el padre de la mentira.

Él nos engaña constantemente al declararnos perdidos, inseguros, amenazados, solos y culpables. Y su "palabra" crea la angustia en nuestras almas que nos impulsa y se configura en nuestro ser y nuestra relación. Su palabra forma su propio mundo e historia.

El verdadero problema está aquí: la flagrante discrepancia entre quiénes somos en Cristo y quiénes somos en nuestra experiencia es el resultado de un profundo engaño espiritual: la mentira del maligno, por un lado, y la aceptación de su mentira por parte del alma, por el otro.

La onda del engaño del alma

Si desprendiéramos las capas de nuestra humanidad, hasta llegar a nuestro ser más profundo, ¿qué crees que encontraríamos? Creo que encontraríamos fe. Así es, *fe*. El problema para nosotros no es que el alma carezca de fe. Todos somos creyentes. Y todos vivimos por nuestra fe; nuestra creencia toma forma; se expresa en nuestro ser. El problema no es si creemos o no; el problema es *qué* creemos.

El punto que debe enfatizarse aquí es que nos han engañado, nos han vendido una imagen engañosa sobre nosotros mismos y Dios, y lo creemos. Sin excepción, todos estamos en la oscuridad. Nuestra visión y creencia espiritual están distorsionadas. Esto significa que lo que el alma percibe, lo que sabe y cree, es la mentira de que *estoy perdido*.

Puede ser, como dijimos antes, que esta creencia espiritual nunca haya cruzado tu mente consciente. Puede ser que nunca hayas pensado en ella. Pero recuerda, no estamos hablando del pensamiento intelectual, sino del pensamiento del alma. Seamos conscientes o no, todos escuchamos y creemos en la palabra de nuestra perdición.

En lo más profundo de tu humanidad, *sabes* que estás perdido. Sabes y crees que no estás bien, que no eres lo que deberías ser, que estás caído, alienado. Sabes que no estás en casa.

Y ese *conocimiento* de la mentira (que implica una amenazante sensación de perdición) nos atormenta inevitable e irresistiblemente. Genera una profunda inseguridad. Crea miedo, desesperanza y vacío. Y este conocimiento por sí solo, sin añadir otras facetas, como la culpa y la vergüenza, es letal. Porque esta mezcla se extiende por toda nuestra vida.

La inseguridad, el miedo, la desesperanza —y recuerda, no estamos hablando de cosas superficiales, sino del conocimiento espiritual en la raíz de nuestro ser— se expresan espontáneamente en actitudes; toman forma en emociones, acciones, reacciones y relaciones.

Por ejemplo, la inseguridad crea egocentrismo. Es automático. Nos obliga a preocuparnos por nosotros mismos y nuestro bienestar. No tenemos más remedio que protegernos, porque no estamos seguros. Crea la sensación de soledad, la necesidad de aceptación y el impulso de demostrar que somos "alguien". Nos incita a encontrar algo que nos dé seguridad. Simplemente sucede.

Si estas fueran fuerzas periféricas en nuestras vidas, las cosas no estarían tan mal. Pero son demasiado profundas y personales como para ser superficiales. Nos impulsan. Nos dominan. Nos forman.

Nuestra vida, nuestras relaciones y nuestras respuestas se convierten en variaciones del celo del alma por lidiar con su intolerable inseguridad.

Anhelamos poder, control y posición porque el alma busca desesperadamente seguridad. Y al no conocer nuestra seguridad en Jesucristo, el alma se ve obligada a buscarla en otro lugar. Se ve obligada a creer que estas cosas realmente le brindarán seguridad.

¿No es la fuente de la codicia y el deseo insaciable de cosas simplemente una expresión ondulante del anhelo de seguridad de nuestra alma? ¿Acaso la codicia no proviene de creer que encontraremos verdadera seguridad cuando tengamos un poco más de lo que creemos necesitar? "Si tan solo pudiera hacer esto". "Si tan solo pudiera tener uno más". "Si tan solo pudiera mudarme, o conseguir este trabajo, o casarme, o hacerme miembro de ese club, o conseguir ese auto, o ese título, o esa iglesia". O "Si tan solo pudiéramos poner en marcha este programa en la iglesia".

Y entonces nos enojamos, nos frustramos, nos deprimimos, nos amargamos y nos volvemos cínicos cuando no podemos conseguir lo que creemos que nos dará seguridad, o lo conseguimos y no tiene los beneficios; eso no disipa la angustia. Envidiamos a quienes parecen tenerla, los denigramos y los calumniamos.

Nos postramos ante el club, el *statu quo* o la mirada, por el más mínimo y breve indicio de aceptación, o por dinero. ¡Esclavitud, pura esclavitud!

¿Por qué? ¿Por qué hacemos esto? ¿No será porque el alma está tan desesperadamente cegada, y por lo tanto inconsolablemente amenazada por la pérdida y la inseguridad, que hará cualquier cosa para hacernos sentir como si fuéramos *alguien*?

Todo el proceso es insaciable. Nunca funciona. No importa cuánto tengamos, ni cuán lejos lleguemos, ni cuán alto escalemos, ni qué controlemos, no funciona. Seguimos siendo pequeños ratones inseguros, acosados y esclavizados por cualquier viento de *ser alguien.*

Y el predicador nos dice que hagamos más por Jesús, que leamos más, que oremos con más ahínco, que nos involucremos más en la iglesia, que donemos más dinero.

Nos han engañado sobre nosotros mismos y sobre Dios. Estamos en la oscuridad. Por un lado, la mentira de que estamos perdidos, y su principal fruto de la inseguridad espiritual, nos está devolviendo a nosotros mismos. Nos impulsa, entre otras cosas, a creer en *nosotros mismos* y en el hecho de que podemos y debemos *hacer* algo para sentirnos seguros, para salvarnos y darnos vida a nosotros mismos.

Toda nuestra vida —nuestras relaciones, nuestras acciones y reacciones, nuestro ir y hacer— comienza a ser simplemente la larga onda de la sensación de extravío del alma y, por lo tanto, la búsqueda por salvarse a sí misma.

Por otro lado, la mentira y su inseguridad nos llevan a la *negación*, que es el intento de *ignorar* el alma y su dolor, pues es insoportable. Nos esforzamos con todas nuestras fuerzas por fingir que no hay nada malo. No hay angustia. Estamos bien.

Mantenemos todo en un nivel superficial y nos negamos rotundamente a permitir que nada nos despierte o nos alerte de nuestro dolor. Nos aseguramos de estar ocupados, incluso ocupados en nada. Porque estar quietos se acerca demasiado a la longitud de onda del alma. Nos convertimos en magos de la retórica y la propaganda, pues debemos convencernos a nosotros mismos y a los demás de que lo que tenemos es, en efecto, *vida.*

No hay que olvidar que las personas más santas y religiosas de la época de Jesús —los fariseos— no eran ni santos ni verdaderamente religiosos, sino simplemente maestros de la negación. Crearon la forma más sofisticada de negación y no eran aficionados en su arte. Sí, muy a menudo la negación toma la forma de religión, de servicio a Dios.

Manténganse alerta, pues los fariseos nos enseñan que es más que posible que todo un sistema de servicio religioso a Dios, todo un orden de vida eclesial, no sea nada más que una ingeniosa obra de pura negación: un mecanismo de negación que con astucia diseña el servicio a Dios, se viste con alegría y realiza gestos santos, y utiliza el lenguaje del evangelio como su principal medio para evitar que el clamor, el temor y el dolor del alma se conviertan en la verdadera y única cuestión de la vida. Escuchen lo que dice uno de nuestros pastores veteranos:

> Las personas se sienten incómodas con el misterio (Dios) y el desorden (ellos mismos). Evitan ambos, ideando programas y contratando pastores para que los gestionen... No tenemos que lidiar con nosotros mismos ni con Dios, sino que podemos usar el vocabulario de la religión y trabajar en un entorno que reconoce a Dios, y así tener la seguridad de que estamos haciendo algo significativo. (Eugene H. Peterson, *El Pastor Contemplativo* [Grand Rapids: William B. Eerdmans Pub. Co., 1989], pág. 48).

Es extraño, pero cierto, que la plétora de llamadas telefónicas entre semana, las agendas apretadas autoimpuestas, el ir y venir de los niños, las compras compulsivas, las horas de televisión, la salida con los amigos el viernes por la noche, el partido de béisbol o la excursión de pesca el sábado, la asistencia a la iglesia, incluso la predicación el domingo, y la ferviente campaña evangelística del domingo por la tarde, puedan ser simplemente variaciones del mismo tema de la negación: lidiar con el alma y su inseguridad con la droga del ajetreo.

El alma se expande. Se forma espontáneamente en el ser humano, en el hacer y en las relaciones. El único poder que Satanás tiene a su disposición es el poder de la ilusión, la mentira. Y su única estrategia es engañarnos, engañar a nuestras almas para que crean que estamos perdidos. Porque entonces nos hace caer en un plan de auto-salvación o en un modo de negación tras otro.

La esperanza del Espíritu

Sin embargo, el hecho es que Dios ha reconciliado al mundo en Jesucristo. Y el Padre y el Hijo no guardan silencio al respecto. En medio de nuestros planes de auto-salvación y nuestras formas de negación, el Padre, en nombre del hombre vicario, derrama el Espíritu sobre nosotros. Y la misión del Espíritu ahora no es corregir algunas de las ondas externas, expresiones secundarias y terciarias del engaño de nuestra alma. Él no nos envía para poner una curita sobre un cáncer espiritual. Viene a abrir una herida profunda en nuestras almas para que el Padre pueda proclamarnos la Palabra de verdad.

Al Espíritu no le interesan los asuntos secundarios. Él conoce el verdadero problema. Y viene al grano.

Él está obrando ahora, en y sobre todos nosotros, operando nuestros ojos y oídos para que podamos ver la Luz de Cristo y escuchar su Palabra. Él lucha con nosotros, con nuestra percepción y creencia profundamente oscurecidas, para llevarnos a *conocer la verdad* de lo que el Padre ha hecho de nosotros en Cristo.

Esa es la verdadera solución: el conocimiento del alma de quiénes somos en Jesús: justificados, reconciliados, abrazados y seguros. Y esa es la esencia del ministerio del Espíritu ahora: revelar a Jesucristo al alma engañada.

El Espíritu no se basa en el mero conocimiento intelectual. Ha venido a enseñar al alma. Ha venido a revelar el conocimiento de Jesucristo a lo más profundo de nuestro ser. Porque el Espíritu lo sabe todo sobre la onda expansiva. Es especialista en la mecánica espiritual. Sabe que la *metanoia*, una gran inversión, una conversión de la percepción del alma, produce fruto.

El conocimiento del alma del abrazo del Padre en Jesús crea su propia persona, vida, relaciones, mundo e historia. El Espíritu sabe que la flagrante discrepancia, la fantástica brecha, entre "quiénes somos en Jesucristo' y "lo que experimentamos ahora" es causada por un intenso engaño espiritual. Así, Él ha venido a traer luz, la Luz de vida, la Palabra de vida. Él sabe que escuchar la Palabra de Cristo en el alma comienza a generar en nuestra experiencia seguridad, paz, gozo, gloria, sanidad, plenitud y relaciones correctas. Comienza a producir el reino en nuestras vidas, un río de agua viva que fluye desde lo más profundo de nuestro ser.

No es casualidad que el apóstol Pablo lo llame el fruto del Espíritu (Gálatas 5:22). Tampoco es casualidad que diga que el Espíritu da testimonio a nuestro espíritu de que somos hijos de Dios y clama: ¡Abba! ¡Padre! en nuestros corazones (Romanos 8:15-16; Gálatas 4:6). Porque no es nuestro fruto. No es nuestra creación. Es el fruto del testimonio del Espíritu de la verdad en Cristo que resuena en nuestras almas, así como la evidente discrepancia es la onda expansiva de la mentira del maligno.

Si eres como yo, entonces quieres que el Espíritu simplemente actúe. Un poco de zapping instantáneo americano servirá de mucho. "Apaga la luz, Espíritu Santo, por favor". "Danos a tomar una fórmula secreta o un elixir mágico".

El Espíritu, de hecho, está en marcha. De eso se trata esta *vida*. Es un proceso de iluminación espiritual de unos 80 años. Y de eso se trata la historia: de la iluminación del alma colectiva de la humanidad, de la educación de la raza humana.

En algún momento, leí sobre un experimento científico realizado con ratones recién nacidos. Los científicos tomaron seis ratones, directamente del útero, y los colocaron en una casita especialmente diseñada. Lo singular de esta casita era que no tenía líneas horizontales en ninguna parte. Todo era vertical o curvo. Durante un año entero, los ratones vivieron en esta casa. Nunca fueron sacados.

Luego, después de un año, los científicos tendieron cables horizontalmente de una pared a otra, y pronto descubrieron que los ratones no podían verlos. Los ratones chocaban con los cables una y otra vez, como si no estuvieran allí. Se manchaban la cara de sangre con los cables. No tenían capacidad para concebirlos. Los científicos incluso pintaron los cables con todos los colores del arcoíris. Pero todo fue en vano. Los ratones no podían verlos. Poco a poco, sin embargo, los ratones desarrollaron la capacidad de concebir los cables.

Esta historia es una vívida ilustración del problema de la visión. Nos muestra que la percepción, llegar a ver y saber, no es instantánea. Es un proceso. Y, lo que es igual de importante, nos da una idea de cómo el dolor interviene en darnos ojos para ver.

Toda nuestra vida se reduce a esto: ser educados en el Espíritu, ser llevados a percibir y saber lo que el Padre ha hecho de nosotros en Jesucristo.

Este conocimiento es un proceso que lleva tiempo e implica dolor. Es aún más doloroso cuando la percepción es espiritual y el conocimiento es del alma. Y lo que complica este proceso de llegar a ver es el hecho de que no tenemos una *tabula rasa* (pizarra en blanco). Nuestra visión y nuestro conocimiento ya están sesgados, distorsionados, oscurecidos; engañados. Además, inevitablemente formamos parte de una percepción cultural engañosa.

No se trata de electrocutarnos. No hay iluminaciones instantáneas del alma, ni individual ni colectivamente. Es un proceso. Un proceso largo, con dolor, sangre, sudor y lágrimas. Y eso es lo que el Espíritu está haciendo en nuestras vidas ahora, paso a paso, golpe a golpe, línea a línea.

En la gracia creativa del Espíritu, el engaño y nuestros fracasos se utilizan como instrumentos de nuestra iluminación. Como dijo Lutero: "Dios forma teólogos enviándolos al infierno". La miseria es una buena maestra. Nos enseña que no es amiga, que no queremos tener comunión con ella, y crea en nosotros un hambre de vida verdadera. Pero esta no es solo la manera en que Dios forma teólogos. Es la manera en que el Espíritu nos educa a nosotros y a toda la humanidad en la escuela de Cristo.

Él permite que el engaño de Diábolos obre en nosotros, que se transforme en nuestros planes de auto-salvación y en nuestras diversas formas de negación. Nos da espacio —mucho espacio— y tiempo para intentar encontrar seguridad y darnos vida. Nos da espacio para intentar vivir en la negación. Deja que la perdición de nuestras almas se transforme en todo tipo de quebrantamiento.

El Espíritu no nos abandona. Permite que nosotros, nuestras familias, nuestras iglesias, culturas, naciones e historia, nos descontrolemos y nos desmoronemos. Permite que la onda expansiva produzca miseria, nada y muerte en nosotros. Porque Él lo está usando todo para llevarnos al fin de nosotros mismos y de nuestras grandiosas empresas de "producción de vida". Lo está usando para llevarnos a una ineludible y penetrante conciencia de la miseria de la mentira, donde nuestro propio dolor comienza a destrozar la fachada y a atravesar nuestra negación. Y lloramos, individualmente, como familias, iglesias y naciones. Y no son lágrimas superficiales, sino lágrimas de nuestro ser más profundo que claman por ayuda y vida.

Así es como el Espíritu se abre paso en el alma. Escuchen las palabras de John Newton, autor de *Sublime Gracia* y otros himnos.

> Pedí al Señor que me permitiera crecer
> en la fe, en el amor y en toda gracia,
> para poder conocer más de su salvación
> y buscar con más fervor su rostro.
>
> Fue él quien me enseñó a orar así,
> y confío en que él haya respondido a mis oraciones,
> pero fue de tal manera
> que casi me llevó a la desesperación.
>
> Esperaba que en algún momento favorable,
> él respondería de inmediato a mi petición
> y que, por el poder constrictor de su amor,
> sometería mis pecados y me daría descanso.
>
> En lugar de esto, me hizo sentir
> los males ocultos de mi corazón,

y dejó que los poderes airados del infierno
asaltaran mi alma en cada parte.

Más aún, con su propia mano parecía
querer agravar mi dolor;
frustró todos los bellos designios que yo tramaba,
destruyó mis calabazas y me derribó.

Señor, ¿por qué es esto?, grité temblando,
¿perseguirás a tu gusano hasta la muerte?
«Así es», respondió el Señor,
«respondo a la oración por gracia y fe».

Utilizo estas pruebas internas,
del yo y del orgullo, para liberarte
y romper tus planes de alegría terrenal,
para que puedas buscar tu todo en mí.

(del himno, *Oración respondida por Cruces*)

Esto es lo que da sentido a la exhortación, por lo demás irracional, de las Escrituras de considerarlo todo gozo cuando nos sobrevengan diversas pruebas (Santiago 1:2) y de gloriarnos —no solo aceptarlas, sino *gloriarnos*— en nuestras tribulaciones (Romanos 5:3). Todo esto forma parte de la liberación del Espíritu.

Él recoge nuestros fracasos, tanto individuales como familiares, iglesias y naciones, y los afila hasta convertirlos en instrumentos quirúrgicos. Los usa para atravesar nuestra ceguera y engaño, para que podamos empezar a ver y oír —ver y oír de verdad— la impactante buena noticia que ha estado ahí desde siempre.

Este es un mundo divino. Tu vida no es simplemente tu vida. La historia humana no es puramente humana. Es la historia de la revelación del hombre vicario. Es el ámbito donde el Espíritu lucha soberanamente contra el engaño y los desastres devastadores que emanan de las almas de los hombres y las naciones, y lo convierte en un proceso dinámico de educación para la raza humana.

Bajo la tutela del Espíritu, la noticia de lo que nuestro Padre, en gracia soberana, nos ha hecho y ha hecho con nosotros en Jesucristo nuestro Señor, llega a las almas temblorosas de los hombres y las naciones, que han sido arrastradas a la miseria por el engaño. Él utiliza el engaño estratégica y quirúrgicamente para abrir nuestras almas, y luego irradia la Luz de Jesucristo en ellas. Por la Palabra de Dios, Él infunde nuestra verdadera esperanza, paz y liberación, nuestra dignidad, seguridad y gloria, en lo más profundo de nuestro ser. Y estamos listos para oír, ver y creer. Y oír, ver y creer se propaga.

Si no desfallecemos, si reconocemos nuestra negación al ser quebrantada por el dolor, si no nos aferramos a nuestro vacío y a nuestra nada religiosa al ser expuestas, si no resistimos al Espíritu mientras Él realiza Su obra, *conoceremos* la verdad y la verdad *nos* liberará.

Si no amamos la oscuridad, la Palabra eterna de Jesucristo encontrará su hogar en nuestras *almas*, y la gloriosa realidad de nuestra adopción en Él comenzará a extenderse por cada rincón de nuestra existencia humana. Nuestra verdadera humanidad, escondida en Jesucristo con su Padre, comenzará a tomar forma en nuestra experiencia en el Espíritu.

La noticia del Dios Trino llenará nuestras almas como paz, dignidad, seguridad y alegría, esperanza, fe y amor, y estas se expresarán espontáneamente en nuestro trabajo y nuestro juego, en nuestro canto y nuestra danza, en nuestro arado y nuestra pesca; en nuestra vida, nuestra respuesta y nuestra relación. Y nos encontraremos volviéndonos verdaderamente humanos y participando en la vida del Hijo encarnado con su Padre en el Espíritu.

"Porque esta leve tribulación momentánea produce en nosotros un eterno peso de gloria que sobrepasa toda comparación" (2 Corintios 4:17).

"Amados, ahora somos hijos de Dios, y aún no se ha manifestado lo que seremos. Sabemos que cuando él se manifieste, seremos semejantes a él, porque le veremos tal como él es" (I Juan 3:2).

Oh escucha la Palabra que se te declara

(con la melodía de Ellacombe)

Oh, escucha la Palabra que se te declara cuando Él se hizo hombre;
la pasión del Padre no cesa por Su plan eterno.
Despierta y ve que el tiempo se ha cumplido; el gran intercambio ha llegado;
el Hijo de Dios está en nuestro lugar; la voluntad del Padre se ha hecho.

Oh, mira y ve al Hijo ancestral, aunque rico, se hizo tan pobre con nuestra propia pobreza;
luchó y soportó golpe a golpe.
Despierta y ve Su dolorosa riqueza; por esto vino para ser
el tesoro de la Vida Trina en nuestra humanidad.

Oh, mira nuestra terrible carne abrazada por Aquel que mora en lo alto;
se sumergió en nuestra oscuridad para traer la luz de la vida.
Despierta y ve la asombrosa gracia en carne; el Padre
sabe compartir con nosotros, a nuestro alcance, la Vida que es suya.

Oh, Espíritu, concédenos, con el rostro descubierto, que este Hombre vea y conozca Su corazón, alma y mente, y compartamos Su victoria.
Inspira nuestros corazones vacíos para que corran hacia
este Gran Vicario y nos den comunión con Él,
el único y verdadero Hijo del Padre.

Otros libros de C. Baxter Kruger

Conversaciones con San Juan:

Tres días, dos hombres
Una conversación extraordinaria

Cuando Aidan se encuentra lejos de su Mississippi natal, se encuentra inexplicablemente con el apóstol Juan en la isla de Patmos. Abatido por el mundo moderno y desesperado por obtener respuestas que sus años de estudio no han podido satisfacer, Aidan se enfrenta a la asombrosa perspicacia del amado discípulo de Jesús. Ambos entablan un extraordinario diálogo de verdades y mentiras, revelaciones y engaños, penas y alegrías. Segunda edición.

"¡*Patmos* es una droga de entrada a una teología y una transformación profundas y atractivas!".

WM. PAUL YOUNG
autor del bestseller nº1 *del New York Times La Cabaña.*

El Regreso a La Cabaña

Millones de personas han visto saciada su hambre espiritual con el bestseller número 1 *del New York Times, La Cabaña*, de William P. Young, la historia de un hombre que sale de las profundidades de la desesperación gracias a su encuentro con Dios Padre, Dios Hijo y Dios Espíritu Santo, que cambió su vida.

C. Baxter Kruger, a través de *El Regreso a La Cabaña,* guía a los lectores hacia una comprensión más profunda de estas tres personas para ayudarles a tener una conexión más profunda con el mensaje central de *La Cabaña:* que Dios es amor.

"Baxter Kruger dejará atónitos a los lectores con su singular cruce de brillantez intelectual y genio creativo mientras les adentra en la maravilla, la adoración y la posibilidad que es el mundo de *La Cabaña*".

WM. PAUL YOUNG
Autor de *La cabaña y Eva*

A través de todos los mundos

Jesús en nuestras tinieblas

Basándose en la visión de Jesús que tenía la Iglesia primitiva, en *A través de todos los mundos*, Baxter Kruger nos enfrenta cara a cara con el asombroso hecho de que Jesús ha establecido una relación muy real y personal con nosotros en nuestra oscuridad. Jesús está presente, no ausente, y está presente con y en nosotros tal como somos, no como fingimos ser el domingo por la mañana, en los mismos lugares donde nos avergonzamos de nosotros mismos y donde se esconden nuestros demonios. Porque Jesús se niega a ser el Hijo del Padre y el Ungido en el Espíritu Santo sin nosotros, y el nosotros que se niega a dejar atrás es el nosotros roto, el nosotros obstinado, el nosotros ciego que se esconde. Nos espera un viaje salvaje y liberador, pero Jesús no nos dejará marchar hasta que veamos lo que Él ve, sepamos lo que Él sabe, sintamos lo que Él siente y vivamos en Su libertad.

"*A través de todos los mundos* es un libro magnífico que recomendaré ..".

PROFESOR ALAN J. TORRENCE
St. Andrews Escocia

La Gran Danza:

La visión cristiana revisitada

De la maternidad al béisbol, de las relaciones y la música al golf y la jardinería, Kruger muestra cómo nuestra existencia humana debe entenderse como participación en la vida del Padre, del Hijo y del Espíritu. Paso a paso, Kruger nos guía a través de las estratagemas del mal y de las barbaridades que hacemos de nuestras vidas. Y lo que es más importante, explica por qué nos duele, qué buscamos realmente y cómo llegar a ello, y por qué la fe Jesucristo es tan crítica para la vida abundante.

Escrita con ritmo, poesía y gracia, *La Gran Danza* es la voz de la antigua Iglesia que nos habla a través de los tiempos por medio de la pluma de un sureño que ama la vida. Es teología en su máxima expresión: arraigada en la tradición, pero desconocida y emocionante, incluso revolucionaria; profundamente personal y honesta, pero universalmente relevante.

Jesús y la Redención deAdán

En *Jesús y la Redención de Adán*, el Dr. C Baxter Kruger apunta a lo que considera el pecado de todos los pecados en la Iglesia Occidental. Si usted es un creyente de la Biblia pero se siente incómodo con las ideas de que nuestro Padre tuvo que ser aplacado para aceptarnos, y que el sufrimiento de Jesús en la cruz fue de Su Padre, entonces este libro es para usted. Conciso, claro, rigurosamente argumentado y convincente, *Jesús y la redención de Adán* ofrece una visión bíblica e inspiradora de la muerte de Jesús como un sacrificio del Padre, del Hijo y el Espíritu en completa unidad alcanzándonos en nuestra gran oscuridad. Incluye una exposición del Sal 22:1, "Dios mío, Dios mío, por qué me has abandonado?", y un sermón sobre el Viernes Santo.

La Mediación De Jesucristo

¿Unión o Separación?

Es una pregunta importante. Muchos de nosotros, quizás la mayoría, comenzamos separados de Dios porque la Iglesia Occidental ha predicado la separación durante tanto tiempo que ni siquiera nos dimos cuenta de que existía una perspectiva alternativa. Pero, una vez que te quitas las gafas de la separación y te pones las gafas de la Unión, ¡cómo cambia todo!

El Dr. C. Baxter Kruger lleva más de 30 años planteando este punto. Su nuevo libro, "La Mediación de Jesucristo", es el resultado de toda una vida de estudio, predicación, debate y de vivir la vida desde la perspectiva de la unión. Unión del Padre, el Hijo y el Espíritu, unión de Jesús con toda la humanidad; de hecho, unión con toda la creación.

Esperamos que este libro te ayude a ver las cosas desde una perspectiva diferente. La perspectiva a través de la cual los primeros Padres de la Iglesia vieron a Jesús, a su Padre y al Espíritu. Deja que las palabras del libro penetren profundamente, pero antes de empezar a leer, pídele al Espíritu que te abra los ojos y pregúntale si esto es cierto.

– Randy Baxter

Libros pequeños de C. Baxter Kruger

La parábola del Dios danzante

Partiendo de la historia de Jesús sobre un padre y sus dos hijos, el primer libro del Dr. Kruger -y ahora un éxito de ventas internacional- es una breve y poderosa descripción la sorprendente verdad sobre Dios. Lejos de ser un contador legalista, que nos vigila como un halcón para ver si cumplimos sus reglas, el Padre que Jesús nos revela es un Padre apasionado que nos ama para siempre, y no desea nada de nosotros excepto que conozcamos su aceptación y deleite y vivamos en su libertad. Este pequeño libro, utilizado por pastores, terapeutas y grupos de recuperación de todo el mundo, te pone cara a cara con el corazón del Padre. Es sencillo, directo e intrépidamente bello.

"Llevaba 55 años, 11 meses y 16 días intentando hacerlo bien. Es decir, lo intenté con todas mis fuerzas. Eran más de las once de la noche cuando decidí que tenía que leer este librito "*La Parábola del Dios danzante*" que me había enviado mi yerno. Cuando llegué a la tercera página, me sentí como si me hubieran golpeado en la cara con una sartén de hierro. Me recosté en la almohada, desconcertado, y dije: "Dios, ¿he estado pensando mal toda mi vida?". La respuesta fue un simple y claro: "Sí". Y eso es sólo la punta del iceberg.

JULIAN FAGAN,
Abogado, Amory, Mississippi

El secreto

Lo que sabes pero nunca supiste

Este libro es un verdadero rayo láser que atraviesa labruma de la confusión religiosa. Con el paso de unas pocas páginas verás a Jesucristo, no como un espectador que se limita a observarte desde la distancia, sino como el secreto de tu propia existencia. Llegarás a verte a ti mismo y a tu vida como nunca los has visto.

Sencillo. Claro. Asombroso. Este libro debería ser de lectura obligatoria para todos los occidentales.

Hogar:

El sueño inconsolable

Hogar es una de las palabras más evocadoras e inquietantes de nuestra lengua. Como cualquier otra palabra, no es más que un conjunto de consonantes y vocales, pero tiene la extraña capacidad de decirnos mucho y de tocarnos el alma. ¿Por qué? ¿Qué tiene esta palabra? ¿Por qué parece tener una capacidad tan especial para tocarnos tan profundamente?

Para más informaci6n

Visite: www.perichoresis.org
Allí encontrará multitud de recursos, como acceso gratuito a podcasts, vídeos, diagramas, ensayos y conferencias. También podrá comprar libros y artículos y estar al día de los eventos.
Suscríbase a nuestro boletín y a nuestro canal gratuito de YouTube. Corazones asombrados con el Dr. C. Baxter Kruger y sus amigos.
Si desea pasar algún tiempo en una comunidad en línea y asistir a debates mensuales en directo con el Dr. Kruger, puede suscribirse aquí en Patreon. El canal se llama Across All Worlds.

Patreon - A través de todos los mundos

Escanee este código para acceder al sitio web donde podrá consultar todos los recursos mencionados.

www.perichoresis.org

Y síganos en Redes sociales:
https://www.facebook.com/PerichoresisConnection
https://twitter.com/perichoresismin
https://www.instagram.com/perichoresisconnection/
https://www.youtube.com/channel/UCGVk0Qg4R_vDleIygjLrqPQ

www.ingramcontent.com/pod-product-compliance
Lightning Source LLC
LaVergne TN
LVHW101950220826
846093LV00006B/167

* 9 7 8 1 9 6 0 7 6 1 6 8 2 *